COLLECTION L'ESPACE CRITIQUE
dirigée par Paul Virilio

L'Explosion du journalisme

DU MÊME AUTEUR

Aux Éditions Galilée

GÉOPOLITIQUE DU CHAOS, 1997.
LA TYRANNIE DE LA COMMUNICATION, 1999.
PROPAGANDES SILENCIEUSES. *Masses, télévision, cinéma,* 2000.
MARCOS. *La dignité rebelle*, 2001.
GUERRES DU XXIe SIÈCLE. *Peurs et menaces nouvelles,* 2002.
IRAK. *Histoire d'un désastre,* 2005.
FIDEL CASTRO. *Biographie à deux voix,* Galilée/Fayard, 2007.
LE KRACH PARFAIT. *Crise du siècle et refondation de l'avenir,* 2009.

Chez d'autres éditeurs

LA COMMUNICATION VICTIME DES MARCHANDS, La Découverte, 1989.
CÓMO NOS VENDEN LA MOTO (avec Noam Chomsky), Barcelone, Icaria, 1995.
NOUVEAUX POUVOIRS, NOUVEAUX MAÎTRES DU MONDE, Montréal, Fides, 1996.
ABÉCÉDAIRE PARTIEL ET PARTIAL DE LA MONDIALISATION, avec Ramón Chao et Wozniak, Plon, 2004.
GUIDE DU PARIS REBELLE, avec Ramón Chao, Plon, 2008.

Ignacio Ramonet

L'Explosion du journalisme

Des médias de masse à la masse de médias

Éditions Galilée

Ouvrage publié en partenariat
avec l'association Mémoire des luttes

ISBN 978-2-7186-0835-8 ISSN 0335-3095

www.editions-galilee.fr

À Ophélia,
Flavien
et Artémis

Avant-propos

Un changement d'écosystème

> L'inconvénient de cet âge d'or de la communication et de l'information, c'est qu'il n'y a pas moyen de savoir ce qui se passe.
>
> EL ROTO[1]

La planète médias connaît un traumatisme d'une ampleur inédite. L'impact de la « météorite Internet », semblable à celle qui fit disparaître les dinosaures, provoque un changement radical de tout l'« écosystème médiatique » et l'extinction massive des journaux de presse écrite.

La numérisation du monde est en train de transformer rapidement le « biotope informationnel[2] ». Conséquence : des dizaines de quotidiens menacent ruine ou sont déjà en faillite. Leur modèle économique ancien s'est désintégré. La pratique journalistique elle-même – atteinte d'une crise systémique[3] – est à reconstruire et à réinventer[4]. « L'ADN de l'info a changé, il faut changer l'ADN des journalistes », affirme un expert en nouveaux médias[5] ;

et pas seulement le code génétique de la presse écrite… Le choc atteint aussi la radio[6] et la télévision, en particulier les chaînes d'information en continu. La plupart d'entre elles se trouvent en sursis ; leur audience ne décolle pas, leurs résultats d'exploitation restent déficitaires[7] et leurs meilleurs journalistes migrent vers le documentaire.

C'est un changement de paradigme[8]. Une révolution qui avance par à-coups et secousses mais qui n'est pas universelle, car on ne peut oublier l'existence, dans un monde profondément inégalitaire, du considérable fossé numérique Nord-Sud qui sépare riches et pauvres, info-riches et info-pauvres[9].

Média de l'ère industrielle, la presse écrite ne va probablement pas disparaître. Mais l'information ne circule plus comme avant, en unités maîtrisées, bien corrigées et formatées (dépêches d'agences, quotidiens imprimés, bulletins radiodiffusés, journaux télévisés). Devenue immatérielle, elle se présente maintenant sous la forme d'un fluide qui circule en segments ouverts sur la Toile quasiment à la vitesse de la lumière… Le haut débit et le Web 2.0 permettent aux « webacteurs » de compléter chaque information en y ajoutant une précision, un commentaire, une citation, une photo ou une vidéo, en un travail d'intelligence collective ou d'« alchimie des multitudes », selon la formule de Francis Pisani, toujours en progrès.

Internet est totalisateur. Une logique nouvelle se met en place – non dépourvue de risques –, différente de celle de la production fordiste de l'âge industriel. À l'époque, même si plusieurs « ouvriers spécialisés » pouvaient contribuer à la fabrication d'un produit, celui-ci, au final, était livré complet, achevé, fermé, et correspondait point par point au projet initial. Ce n'est plus le cas. La logique de l'information en ligne est de lancer une info à l'état brut (parfois même approximatif), puis de la corriger, de la modifier ou de l'enrichir sans cesse, chaque heure, chaque instant... L'information devient davantage *« a work in progress »*, une matière qui se développe, une sorte de conversation, un processus dynamique de recherche de la vérité, plutôt qu'un produit fini. « Jadis, le papier du journaliste ne pouvait être mis à la "Une" que par son chef, expliquent Francis Pisani et Dominique Piotet. Ce même papier peut aujourd'hui être poussé à la Une parce qu'il est "le plus lu" ou le plus envoyé par courriel ou le plus blogué[10]. »

« Internet n'est pas un média », précise Jeff Jarvis, professeur de journalisme à la City University de New York et blogueur (www.buzzmachine.com). « C'est une société, un espace où nous pouvons nous connecter avec les autres [...]. Les firmes médiatiques pensent qu'Internet devrait se comporter comme un média. Elles se trompent[11]. »

Les quotidiens généralistes continuent de pratiquer un modèle économique qui ne fonctionne plus. L'ère où la quasi-totalité des journaux publiaient les mêmes informations générales est révolue. Le marché est impitoyable à l'égard d'une presse et de titres impuissants à générer du profit. Les grandes chaînes généralistes de télévision ne sont pas épargnées[12]. Leur modèle semble également tari. Et la solution consistant à bâtir de grands groupes multimédias internationaux, comme cela s'est fait dans les années 1980 et 1990, s'est révélée inefficace devant la prolifération de nouveaux modes de diffusion de l'information, de la culture et des loisirs *via* Internet. Dans ces conditions, quelles sont les garanties de survie pour le journalisme de qualité? En sera-t-il réduit, pour continuer d'exister, à recourir à des subventions de mécènes, de fondations ou de l'État?

Paradoxalement, l'audience de la presse écrite n'a jamais été aussi importante. Dans la « société des réseaux », les internautes continuent de rechercher l'accès aux médias traditionnels, en particulier aux titres considérés comme les plus sérieux de la presse écrite, en visitant leurs sites d'information en ligne. Le nombre de lecteurs de ces journaux, grâce au Web, a progressé de façon exponentielle[13]. Sur les deux cents sites américains d'information en ligne les plus visités, ceux des médias traditionnels génèrent 67 % du trafic[14]. Les 33 % restants reviennent à des agrégateurs de contenus comme *Google Actualités*, *Yahoo! Actualités*, et des sites dits *pure players*, c'est-à-dire seulement présents sur le Web.

Numéro un de la presse mondiale en ligne, le *New York Times* (dont le tirage papier est de 950 000 exemplaires) est lu par 43,7 millions d'internautes. En France, les sites du *Figaro* et du *Monde* sont chaque mois consultés par plus de 5 millions de lecteurs. Autre donnée importante, l'information en ligne demeure tributaire des anciens supports : 80 % des liens que l'on trouve sur les sites, les blogs ou les réseaux sociaux américains renvoient à des médias traditionnels.

Le fait nouveau, c'est que les personnes qui accèdent ainsi aux contenus des journaux veulent à leur tour être lues et écoutées. L'information ne circule plus à sens unique. La logique « verticale » qui caractérisait la relation médias-lecteurs devient désormais de plus en plus « horizontale » ou « circulaire ».

I

Une crise d'identité

La confortable situation des médias et des journalistes, en position de monopole de l'information dans la société, prend fin. Trop de journalistes professionnels se prenaient pour une élite, pensant détenir le pouvoir exclusif d'imposer et de contrôler les débats. Ce péché d'orgueil leur faisait croire qu'ils avaient pour toujours à leur merci un lectorat passif et captif. Mais ce temps où ils avaient seuls le droit de choisir et de publier des informations est fini. La Toile les dépouille de leur identité de « prêtres séculiers ».

Philippe Cohen et Élisabeth Lévy nous rappellent que « les journalistes avaient le privilège, mais aussi la responsabilité, de faire partie de ceux qui ont le pouvoir de parler. Ils sont aujourd'hui grisés d'être regardés. La plupart ne se mêlent plus – et c'est sans doute heureux – de guider les masses. Beaucoup n'aspirent qu'à faire partie de ces *people* qui fascinent le peuple. Leur identité repose sur leur supériorité sociale[1] ». Le choc d'Internet risque de les dépouiller, aussi, de cette supériorité.

Quand la blogosphère a commencé à enfler, vers 2003, nombre de professionnels de la presse, du haut de leur superbe, regardaient les webacteurs avec une certaine condescendance. Ils ne voyaient pas venir le changement. Le rapport s'est maintenant inversé. Désormais, bénéficier d'un privilège professionnel protégé, sans être présent sur les réseaux et sans se soumettre au verdict de la Toile, est pour ainsi dire impossible.

Dans la nouvelle société des réseaux, chaque citoyen devient un « journaliste » en puissance[2]. Devant son écran (d'ordinateur, de téléphone ou de tablette tactile), l'internaute qui maîtrise les ressources du Web 2.0 ne s'estime pas inférieur au journaliste professionnel. Il lui dispute même son statut prioritaire.

De leur côté, les médias dominants ne cessent d'encourager les internautes à devenir « journalistes ». Ils leur demandent constamment de poster sur leur site Web des photos, des vidéos ou des commentaires sur les sujets les plus divers dont ils auraient été témoins : un événement politique ou météorologique, un accident, une catastrophe, une manifestation de rue, etc. D'où la grande interrogation à propos de l'identité du journalisme et de la validité de l'information.

À la question « Qu'est-ce qu'une information ? », les médias aux abois tendent désormais à répondre uniquement en termes d'audience. Une « bonne » nouvelle est celle qui peut intéresser le plus grand nombre de gens. Pas celle qui serait, par exemple, la plus utile à la collectivité, la plus décisive ou la plus éclairante en matière d'économie, d'écologie, de politique... De fait, les grands médias perdent ainsi de vue le vrai sens de leur mission. Trop longtemps consacrés à leur objectif essentiel de domestiquer la société, ils ne savent plus à quoi ils servent.

La question de l'identité du journaliste professionnel se pose aussi. Si chacun est désormais « journaliste », qu'est-ce qu'un journaliste ? En quoi réside sa spécificité ? Comment le distinguer, par exemple, d'un webacteur qui observe et donne son point de vue sur une réalité dont il est témoin ? Pourquoi privilégier la « vérité » du journaliste ? Des dizaines de millions de personnes sur le terrain n'incarnent-elles pas la vérité apportée par Internet [3] ?

À ces questions, dans notre société des réseaux, on ne peut donner de réponse simple. La justification habituelle voudrait que le journaliste professionnel prenne le temps de vérifier l'information, de la recouper et de la confirmer. Mais cela ne suffit plus. En premier lieu, parce que, dans un système informationnel soumis à la dictature de l'urgence et devenu quasi instantané, peu de journalistes disposent du temps nécessaire pour faire consciencieusement leur métier. « On veut informer vite au lieu d'informer bien. La vérité n'y gagne pas », notait déjà Albert Camus en 1944.

En second lieu, parce que la prolifération de mensonges et d'approximations dans les médias dominants montre que ces impératifs du journalisme de qualité sont trop souvent négligés. Par ailleurs, rien ne prouve, *a priori*, que la communauté des internautes ne saura pas vérifier, recouper et confirmer une information avec autant de rigueur et de sérieux, sinon plus, qu'un journaliste professionnel. Les immenses ressources d'Internet et des réseaux sociaux représentent, à cet égard, un espoir considérable, celui d'une démocratisation de l'information.

Le sacre de l'amateur

En effet, les utilisateurs des réseaux ne sont plus seulement des lecteurs-auditeurs-téléspectateurs inertes. Ils écrivent, parlent, photographient, filment, commentent, analysent. En vérité, explique Rosental C. Alves, directeur du Knight Center for Journalism in the Americas à l'université du Texas, « le consommateur d'informations a cessé d'être passif; il ne se contente plus de recevoir des nouvelles préparées et emballées par d'autres. Il veut aussi produire des contenus [4] ». Nous nous orientons vers une société de *prosumers*, c'est-à-dire des « prodsommateurs » (producteurs-consommateurs).

Aujourd'hui, quand on parle d'internautes, il ne s'agit pas d'individus isolés, mais de citoyens faisant partie d'un organisme vivant pluricellulaire planétaire. Ce formidable essaim de réseaux peut devenir, quand il réagit à l'unisson, plus important à la limite que des mastodontes comme TF1, la BBC ou CNN réunis [5].

Il suffit de voir à quelle vitesse exponentielle se développent les sites communautaires. À l'échelle mondiale, le nombre de leurs utilisateurs explose : 60 millions sur MySpace (en perte de vitesse[6]), 175 millions sur Twitter[7], 650 millions sur Facebook, un réseau dont l'essor faramineux et ultrarapide sidère. Chaque mois, dans le monde, 970 millions de visiteurs uniques[8] se connectent sur Google, 633 millions sur Yahoo![9], 400 millions sur Wikipedia, 370 millions sur Zynga (une plateforme de jeux sociaux)... Chaque jour, environ 100 000 blogs viennent s'ajouter aux quelque 250 millions déjà existants...

Cette croissance hallucinante donne aux webacteurs une puissance communicationnelle inconnue jusqu'à présent. Des dynamiques inédites surgissent dont nul n'avait idée. Elles peuvent permettre l'élaboration d'une sagesse collective. Ou tout aussi bien un abrutissement généralisé contre lequel nous met en garde la fameuse *loi de Godwin* (définie, en 1990, par l'avocat américain Mike Godwin), selon laquelle « plus une discussion se prolonge sur la Toile, et plus grande est la probabilité d'y voir apparaître des comparaisons faisant allusion aux nazis ou à Hitler », c'est-à-dire la « bombe atomique rhétorique » qui voudrait supprimer tout débat.

Le journalisme peut-il demeurer en marge de ce grandiose bourdonnement communicationnel alors que la différence s'efface entre professionnels de l'information et usagers ? Chaque citoyen, nous l'avons dit, devient webacteur, utilisateur d'Internet et, à la fois, créateur de contenus. Nous passons « de la société du spectacle à des sociétés de spectateurs-acteurs[10] ».

La création professionnelle coexiste avec la création

amateur. Il est de plus en plus difficile de différencier l'une de l'autre, comme l'observe Patrice Flichy, spécialiste de l'innovation et des techniques d'information : « On voit apparaître un nouveau type d'individu : le *pro-am* (pour professionnel-amateur); celui-ci développe ses activités amateurs selon des standards professionnels; il souhaite, dans le cadre de loisirs actifs, solitaires ou collectifs, reconquérir des pans entiers de l'activité sociale comme les arts, la science et la politique, qui sont traditionnellement dominés par les professionnels[11]. »

Comprendre ce qui se passe

Les nouvelles lois de la communication et de l'information sur Internet restent à définir. Mais une chose paraît certaine à l'heure du Web 2.0 (bientôt du Web 3.0) : ce ne sont plus les journalistes qui les détermineront, mais les internautes. Selon Patrice Flichy, la montée en puissance de l'amateur annoncerait un mouvement transformateur de très grande envergure, notamment dans le domaine de l'information : « De même que la démocratie politique donne le pouvoir à des citoyens largement ignorants de la chose publique, la nouvelle démocratisation s'appuie sur des individus qui, grâce à leur niveau d'éducation et aux nouveaux outils informatiques, peuvent acquérir des compétences fondamentales[12]. »

Désormais, les collectifs d'internautes se retrouvent à l'avant-garde des innovations. Ils définissent la marche presse, à Hambourg, des prévisionnistes ont estimé que, au cours des cinq prochaines années, les ventes des quotidiens chuteraient de moitié et qu'environ 55 % des lecteurs accéderaient aux contenus *via* Internet, les téléphones portables ou les ardoises tactiles du genre iPad[21].

Le monde de l'impression se retrouve dans un total désarroi. Entre 2003 et 2008, la diffusion mondiale des quotidiens payants s'est effondrée de 7,9 % en Europe et de 10,6 % en Amérique du Nord. Au cours de l'année 2009, la chute s'est poursuivie : – 3,4 % en Amérique du Nord, – 5,6 % en Europe. Quant aux recettes publicitaires, principale ressource de la majorité des journaux dominants, elles ont fléchi, en 2009, de 17 %. En Europe de l'Ouest, l'effondrement a été de 13,7 % ; en Amérique du Nord, de 26 %[22] ! La publicité en ligne, qui devait sauver le secteur, a vu elle-même ses recettes reculer, en 2009, de 5 %…

En ce qui concerne la France, l'Office de justification de la diffusion (OJD) a annoncé, le 4 février 2010, que les ventes des quotidiens nationaux avaient encore diminué, en 2009, de presque 4 %, dans la continuité de 2008 qui avait déjà enregistré une baisse de 2,4 %. À titre d'exemples, *Le Monde* a perdu, au cours de la dernière décennie, 25 % de ses acheteurs ; *Le Figaro*, 12,5 %. Et *Libération*, presque 10 % durant la seule année 2009. *France-Soir*, malgré sa relance en mars 2010, accumule les pertes. *La Tribune* a été placée, début 2011, sous procédure de sauvegarde. Le rythme de la dégradation ne cesse de s'accélérer. Cela renforce une dépendance croissante et malsaine de la presse à l'égard de l'État et des aides publiques, qui dépassent le milliard d'euros. Malgré cet important soutien (exemption de la TVA, tarifs postaux réduits, aide au pluralisme[23], Fonds d'aide à la modernisation de la presse[24]), l'avenir des journaux payants sur papier est sombre.

Aux États-Unis, le paysage est *tchernobylisé.* Entre janvier et février 2009, une quarantaine de grands quotidiens se sont déclarés en faillite. Des titres vétérans, comme le *New York Sun* (fondé en 1833) ou le *Rocky Mountain News* (fondé à Denver en 1859), ont tout simplement mis la clé sous la porte. Beaucoup d'autres, comme le *Voice of San Diego*, le *Christian Science Monitor* (de Boston) ou le *Seattle Post-Intelligencer* (fondé en 1863), ont sabordé leur édition papier, licencié des centaines de salariés et opté pour une version numérique sur le Web *(pure player)*.

The McClatchy Company, groupe propriétaire d'une trentaine de quotidiens, parmi lesquels le *Miami Herald*, a annoncé, en mars 2009, qu'il supprimait environ 1 600 emplois, soit 15 % de l'ensemble de ses salariés. News Corporation, le troisième plus grand groupe multimédia au monde, présidé par Rupert Murdoch et qui édite, entre autres, le *Wall Street Journal*, a reconnu des pertes annuelles supérieures à 2,5 milliards de dollars[25]. Sa division de presse écrite a subi, en 2008, une chute de 81 % de son bénéfice d'exploitation[26].

Propriétaire de quelque 85 journaux, le groupe Gannett Company Inc. a supprimé plus de 8 300 emplois. À lui seul, le quotidien USA *Today*, qui appartient à Gannett et est l'unique journal américain diffusé sur l'ensemble du territoire, a licencié, en août 2010, un millier de salariés. Les pertes du deuxième groupe de presse, Tribune Company, éditeur du *Chicago Tribune* et du *Los Angeles Times* (62 prix Pulitzer à eux deux…), ainsi que du *Baltimore Sun*, sont estimées à 12,1 milliards de dollars. La célèbre Hearst Corporation[27], propriétaire notamment du *San Francisco Chronicle*, est également en faillite.

NEWSWEEK VENDU POUR 1 DOLLAR…

Pour réduire les coûts, certains journaux sabrent dans leur pagination : plus d'une centaine a arrêté son édition dominicale. Le *Washington Post* a supprimé son prestigieux supplément littéraire *Bookworld*, réduit le nombre de ses salariés et cédé, le 2 août 2010, le célèbre hebdomadaire *Newsweek*, qui a perdu presque 15 % de son lectorat, pour un dollar symbolique[28].

Très endetté également, le naguère puissant *New York Times*, dont les revenus publicitaires ont chuté de 20 % en un an, a dû hypothéquer l'immeuble de son siège à Manhattan, et a été contraint de recourir au milliardaire mexicain Carlos Slim. Les bénéfices des quatre quotidiens les plus prestigieux *(Los Angeles Times, The Chicago Tribune, The New York Times* et *The Washington Post)* ont baissé de plus de 25 % par rapport à l'année 1989, avant l'irruption d'Internet.

Autre fait significatif : en décembre 2010, la New York Times Company a été évincée de la liste des cinq cents principales entreprises des États-Unis (indice S&P 500). Elle est remplacée par la firme technologique Netflix, spécialisée dans la location de films visionnés directement (en *streaming*) sur Internet [29].

S'ADAPTER OU MOURIR

La chronique du désastre n'est pas moins atterrante en Europe. Au Royaume-Uni, depuis le 12 octobre 2009, l'*Evening Standard* de Londres a choisi de devenir gratuit. Le *Financial Times* propose désormais à ses rédacteurs des semaines de seulement trois jours payés, et a procédé à une réduction du personnel. Le groupe Guardian Media, éditeur du quotidien *The Guardian* et de l'hebdomadaire *The Observer*, perdait, à l'automne 2009, 120 000 euros par jour [30].

En Espagne, le principal quotidien, *El País*, édité par le groupe Prisa, continue de voir ses ventes chuter. En octobre 2010, sa diffusion totale avait baissé de 13,1 % par rapport au même mois de 2009, et ses ventes quotidiennes en kiosque avaient chuté de 18,3 %. Prisa se retrouve endetté à hauteur de près de 5 milliards d'euros. Ainsi, le capital de la plus importante entreprise médiatique mondiale de langue espagnole est passé, en novembre 2010, sous le contrôle du fonds américain Liberty Acquisition Holdings Corporation [31]. Ses actions sont désormais cotées à la Bourse de New York. Le 25 janvier 2011, Prisa a annoncé la suppression de 2 500 emplois, soit 18 % de ses salariés.

En France, le *Journal du Dimanche* a décidé d'arrêter son édition du samedi. Les quotidiens nationaux d'information générale payants sont aussi les principales victimes de la crise des médias. Comme ailleurs, ils souffrent de la concurrence de la presse gratuite quotidienne *(20 Minutes, Direct Matin, Direct Soir)* ; de leurs propres plateformes numériques gratuites *(Le Monde.fr, Le Figaro.fr, Libération.fr, L'Humanité.fr)* qui séduisent de plus en plus de lecteurs ayant abandonné le support papier ; de l'essor de sites généralistes agrégateurs de contenus *(Yahoo! Actualités, Google Actualités, Actualités Orange)* ; de la multiplication de blogs personnels [32] dont certains reçoivent des dizaines de milliers de visiteurs uniques par mois ; et de l'arrivée de nouveaux sites d'information indépendants, comme *AgoraVox* (www.agoravox.fr), *Mediapart* (www.mediapart.fr), *Rue89* (www.rue89.com) ou *Slate* (www.slate.fr).

Les effets du cataclysme n'épargnent pas le reste de la planète. Au Brésil, l'un des plus anciens quotidiens, *Jornal do Brasil* (fondé en 1891 à Rio de Janeiro), a abandonné le papier pour devenir, le 1er septembre 2010, le premier journal exclusivement numérique du pays. Dans certains pays d'Afrique, où la presse quotidienne a perdu en quelques années la moitié de ses acheteurs, plusieurs journaux ont également supprimé leur version papier.

Partout, se retrouve un constat identique : « Le public a migré sur Internet, déclare par exemple le directeur d'un quotidien sénégalais. Il est désormais sur Facebook ou devant les écrans des sites gratuits d'information.

Chacun surfe à partir de son iPhone. Nous devons nous adapter ou mourir[33]. »

Journalistes pressurés

À la recherche d'une introuvable rentabilité, les entreprises de presse sont livrées à de redoutables *cost killers*, spécialistes de la réduction des coûts qui tranchent à la hache dans les effectifs et les dépenses. Partout, les licenciements sont drastiques. Entre janvier 2008 et octobre 2010, la presse quotidienne américaine a détruit plus de 25 000 emplois. En France, des plans de redressement, des restructurations, des réorganisations se succèdent, avec à la clé des centaines de suppressions de postes : à *France-Soir*, à *Libération*, au *Figaro*, au *Monde*, etc.

Les salaires des personnels ont été réduits ou gelés. Les conditions de travail des journalistes et des pigistes se sont dégradées : « Il faut "produire" autant, voire plus, avec moins de personnel et tout faire en même temps, dénonce le Syndicat général des journalistes FO. Les journalistes sont pressurés au point de craquer. On impose des journées de dix heures sans interruption et sans paiement des heures supplémentaires[34]. »

Même panorama sinistré en Belgique, en Suisse, en Italie, en Allemagne, où des centaines de journalistes ont été également remerciés. En Espagne, « de novembre 2008 à décembre 2010, 3 496 journalistes ont perdu leur travail[35] ».

La fin des reportages ?

Qui dit « dégraissage » des rédactions, dit un traitement moins complet de l'information, une suppression de postes de correspondants à l'étranger. Et, plus grave encore, la liquidation programmée de genres désormais considérés comme « trop chers », « non rentables » : le journalisme d'investigation et les reportages de terrain.

Certains, non dépourvus d'arguments, n'y voient qu'un faible dommage. John Lloyd, codirecteur du Reuters Institute for the Study of Journalism à l'université d'Oxford, déclare : « Pas question de s'apitoyer sur la qualité des correspondants à l'étranger du bon vieux temps. Souvent, les reporters étaient parachutés dans des zones sensibles. Leur connaissance du milieu local était maigre. On peut s'interroger sur la valeur ajoutée de leurs reportages. En plus, depuis que les journaux ont réduit leurs antennes à l'étranger – le *Boston Globe* a supprimé les siennes sur toute la planète –, il ne semble pas que l'on ait moins d'information sur le reste du monde[36]. »

C'est déjà le résultat de l'irruption des nouveaux médias numériques, comme l'a constaté le journaliste polonais Ryszard Kapuscinski : « Les nouvelles technologies, surtout le téléphone portable et le courrier électronique, ont transformé radicalement les relations entre les reporters et leurs chefs. Auparavant, l'envoyé d'un journal, le correspondant d'une agence de presse ou d'une chaîne de télévision, disposait d'une grande liberté et pouvait donner libre cours à son initiative personnelle.

Il recherchait l'information, la découvrait, la vérifiait, la sélectionnait et la mettait en forme. Actuellement, et de plus en plus souvent, il n'est qu'un simple pion que son chef déplace à travers le monde depuis ses bureaux, qui peuvent se trouver à l'autre bout de la planète. Ce chef, de son côté, dispose, à sa portée, des informations provenant d'une multitude de sources (chaînes d'informations en continu, dépêches d'agences, Internet) et peut ainsi avoir sa propre appréciation des faits, éventuellement fort différente de celle du reporter qui couvre l'événement sur place[37]. »

Il est clair que les rédactions possèdent désormais moins d'autonomie d'analyse. Elles dépendent davantage, en matière de politique internationale, des versions et des « lectures » proposées par les autorités officielles ou des intérêts privés. En d'autres termes, la fonction de contre-pouvoir que devraient exercer normalement les journaux indépendants en est diminuée. Le point de vue spécifique, la manière de voir particulière de chaque rédaction, s'efface peu à peu, se normalise.

Cet intellectuel collectif qu'on appelle « rédaction » est également menacé de « disparition silencieuse ». En tant que communauté – avec ses traditions de débats, sa hiérarchie et ses rites –, elle est, elle aussi, en voie de démantèlement rapide ou de grande transformation sous les coups de boutoir d'Internet et des réseaux sociaux[38]. Certains ne regretteront probablement pas cette disparition. Par exemple, Denis Jeambar qui, se référant à son expérience de directeur de *L'Express* de 1996 à 2006, décrit la rédaction de cet hebdomadaire en des termes très durs : « Un maquis de mauvaises habitudes, la graisse pesante d'une rédaction pachydermique, la mauvaise humeur permanente d'une assemblée de bougons recherchant à longueur de journée des boucs émissaires, une cohorte courtelinesque de gratte-papier sans beaucoup d'âme, la plupart aussi peu capables que peu désireux d'enquêter et d'écrire[39]. » Faut-il pour autant souhaiter la liquidation des rédactions? On ne peut mesurer ce que cela signifierait, mais sûrement une atteinte à l'âme même d'un certain journalisme de qualité.

La situation des sociétés des rédacteurs témoigne aussi du crépuscule des rédactions. Face à la crise, elles ont repris lentement de la vigueur pour défendre leur métier. Mais elles ont vu la plupart de leurs prérogatives rognées, ignorées ou liquidées, au fur et à mesure que le capital de leur entreprise de presse changeait de mains.

Les nouveaux forçats de l'info

Sur les sites d'information en ligne, les « journalistes du papier » sont relayés par une nouvelle génération de « pigistes d'abattage », pas moins surexploités que ceux de la presse écrite. Xavier Ternisien décrit ainsi ces nouveaux « forçats de l'info » : « Moyenne d'âge : 30 ans. Le teint blafard des *geeks*, ces passionnés d'ordinateur qui passent leur temps devant l'écran. [...] Ils enchaînent les journées de douze heures, les permanences le week-end ou la nuit[40]. » Après avoir fait des études plus longues que la plupart de leurs aînés et avoir acquis une considérable expertise en matière d'Internet, ces jeunes journalistes se retrouvent au rang d'« OS de Web », de « galériens du clavier » recrutés sur contrat précaire à très bas salaires. Mais ils ont deux convictions fortes : il y a toujours eu des « esclaves de l'info », et, cette fois, l'avenir du journalisme leur appartient.

II

Érosion de la crédibilité des médias

À part la « révolution Internet », quels autres facteurs ont aggravé la vieille déliquescence de la presse écrite quotidienne ?

D'abord, un élément conjoncturel : la crise économique globale [1] qui se traduit par une baisse des ressources publicitaires, déjà signalée. Cette crise a éclaté – en septembre 2008 – au moment le moins opportun pour une presse en proie à ses vieux problèmes structurels : marchandisation outrancière de l'information ; spéculation financière (avec parfois entrée en Bourse des entreprises de presse, et fuite en avant dans des fusions et des concentrations au sein de groupes géants) ; dépendance excessive à l'égard de la publicité ; concurrence des journaux gratuits ; vieillissement du lectorat...

Autre mutation, les gens ne sont plus aussi fidèles à un titre. Jadis, la lecture régulière d'un journal conférait au lecteur sa propre identité politique. Ce n'est plus le cas, car la plupart des publications, dans l'espoir de

« ratisser large » et de « séduire des lecteurs de tous les horizons », ont rendu illisible leur ligne éditoriale et brouillé leur image. Les lecteurs se sentent trahis et, en retour, se considèrent déliés d'un quelconque pacte de fidélité.

En témoigne cet aveu d'un internaute qui ne mâche pas ses mots : « *Libé*, *Les Inrocks*, *Le Monde* : autant de titres que je n'achète plus depuis bien longtemps. J'aime trop être informé pour perdre mon temps. Pour moi, ce n'est plus que de la "presse de niche", de la presse morte, figée dans sa posture. J'ai aimé ces titres (comme j'ai aimé *Actuel* à une époque et le *Charlie* d'avant la "valocrature [2]"), mais je suis infidèle : si un titre ne correspond plus à mes attentes ou trahit par trop ce qui en faisait l'intérêt, je m'en débarrasse [3]. »

Il y a aussi la confusion permanente entre communication et information. Le monde de la communication, dont le métier consiste à diffuser des messages complaisants et louangeurs en faveur des entreprises qui les commandent, tend à s'imbriquer dans celui de l'information. Entre ces deux sphères, les digues commencent à sauter. Il est de moins en moins facile de distinguer un communicant d'un journaliste. Pourtant leurs fonctions sont fort différentes : l'un valorise, tandis que l'autre informe. Des spécialisations hybrides nouvelles surgissent : « journaliste institutionnel », « journaliste d'entreprise », « journaliste en relations publiques »… Une question se pose : un journaliste payé par une entreprise, et dont les articles – tous favorables à l'action de la firme qui l'emploie – sont relus et validés par les dirigeants de celle-ci, est-il vraiment un journaliste[4] ? Un tel mélange des genres dégrade la confiance du public et porte un sérieux coup à la crédibilité de l'ensemble de l'information.

À ces facteurs s'ajoute un reproche principal : l'érosion de sa crédibilité. Les citoyens se méfient d'une presse qui appartient à une poignée d'oligarques contrôlant déjà largement le pouvoir économique et qui sont souvent en connivence avec les pouvoirs politiques[5].

Le simple bon sens avertit que, quand un homme d'affaires achète un journal, c'est « soit pour défendre un système politique au triomphe duquel il est intéressé, soit pour devenir lui-même un homme politique en se faisant redouter[6] ». En tout cas, c'est rarement pour l'amour d'une information indépendante et de qualité.

CONCENTRATION EXCESSIVE

En France, à la suite d'une succession de manœuvres capitalistiques, plusieurs sociétés éditrices de journaux, en grande difficulté, ont été rachetées – pour le prestige ou comme vecteurs d'influence[7] – par des hommes d'affaires parfois proches du président Nicolas Sarkozy (lequel désigne désormais, directement et personnellement, les patrons des groupes publics de radio et télévision). Balzac notait déjà en 1843 : « L'homme d'affaires voit dans un journal un placement de capitaux dont les intérêts lui sont payés en influence, en plaisirs, et quelquefois en argent[8]. »

Cinq groupes seulement dominent le secteur de

la presse française grand public : Hachette-Lagardère, Prisma Presse, Mondadori France, Bayard Presse et L'Express-L'Expansion. Quant à la presse quotidienne nationale, elle ne compte que trois acteurs majeurs : le groupe Figaro Socpresse, le groupe Amaury *(Le Parisien, L'Équipe)* et le groupe Le Monde.

La presse écrite française se retrouve ainsi concentrée entre les mains d'une petite poignée d'oligarques. Serge Dassault, patron du groupe Dassault, s'est emparé en 2004 du *Figaro* et lorgne sur *Le Parisien-Aujourd'hui en France*; Bernard Arnault, patron du groupe de luxe LVMH, s'est offert *Les Échos* ; Alain Weill, de NextRadioTV (RMC, BFMTV), a racheté, début 2008, *La Tribune* au groupe LVMH (mais a annoncé, en mai 2010, qu'il vendait le titre pour un euro symbolique à sa directrice générale, Valérie Decamp) ; Édouard de Rothschild a acquis *Libération*; Alexandre Pougatchev, fils du banquier russe (en disgrâce) Sergueï Pougatchev, a racheté *France-Soir*.

Enfin, le trio constitué par Pierre Bergé (ancien patron de la marque Yves Saint Laurent), Xavier Niel (du groupe Iliad, maison mère de Free, fournisseur d'accès à Internet) et Matthieu Pigasse (de la banque Lazard, et déjà détenteur du magazine *Les Inrockuptibles*) est devenu, en novembre 2010, propriétaire du *Monde*. Un journal fort endetté, piloté par une équipe passablement démoralisée depuis les révélations faites, en 2003, par Pierre Péan et Philippe Cohen dans leur livre d'investigation *La Face cachée du Monde*[9], et qui, entre 2007 et 2011, aura vu se succéder pas moins de quatre directeurs.

« Idées saines »

Ce mouvement de concentration porte atteinte au pluralisme. À cet égard, on se souvient des déclarations de Serge Dassault, en décembre 2004, qui confirmèrent toutes les craintes. Dès sa prise de fonctions, le nouveau propriétaire du *Figaro* avait, en effet, déclaré aux rédacteurs : « Je souhaiterais, dans la mesure du possible, que le journal mette plus en valeur nos entreprises. J'estime qu'il y a quelquefois des informations qui nécessitent beaucoup de précautions. Il en est ainsi des articles qui parlent des contrats en cours de négociation. Il y a des informations qui font plus de mal que de bien. Le risque étant de mettre en péril des intérêts commerciaux ou industriels de notre pays [10]. »

Ce que Serge Dassault appelle « notre pays », on l'aura compris, c'est son entreprise : Dassault Aviation. Et c'est sans doute pour la protéger qu'il lui est également arrivé de refuser que *Le Figaro*, en août 2004, publie un entretien avec Andrew Wang, un intermédiaire impliqué dans une opération de 500 millions de dollars de commissions occultes entourant la vente de six frégates de type Lafayette à Taiwan en 1992 [11]. Il a également censuré une information sur des conversations entre Jacques Chirac et Abdelaziz Bouteflika portant sur un projet de vente d'avions Rafale à l'Algérie [12].

Plus récemment, Serge Dassault a trouvé inapproprié pour ses projets de vente de Rafale au Proche-Orient un article de Georges Malbrunot, « Le business secret d'Israël dans le golfe Persique », paru dans *Le Figaro* du

26 juin 2010. Très irrité, le propriétaire du quotidien a exigé du responsable du groupe Figaro, Francis Morel, le licenciement du journaliste. Devant le refus de Morel, c'est finalement celui-ci qui a été brutalement écarté en janvier 2011 [13].

Par ailleurs, les explications de Serge Dassault sur les raisons qui l'ont conduit à racheter *Le Figaro* (un journal, avait-il confié, « permet de faire passer un certain nombre d'idées saines ») n'ont pas beaucoup rassuré la rédaction de ce quotidien [14].

Si l'on rapproche ces propos de ceux – inoubliables – tenus en juillet 2004 par Patrick Le Lay, alors patron de TF1, sur la véritable fonction de cette chaîne, géant des médias français (« Le métier de TF1, c'est d'aider Coca-Cola à vendre son produit. Ce que nous vendons à Coca-Cola, c'est du temps de cerveau humain disponible [15] »), on voit à quels dangers expose le mélange des genres, tant paraissent contradictoires l'obsession commerciale et l'éthique de l'information.

Dans la presse régionale, les conflits d'intérêts et la confusion entre communication et information sont parfois plus criants. En Alsace, le Crédit mutuel a pris, en novembre 2010, le contrôle du groupe L'Est Républicain, dont font partie les quotidiens *Dernières nouvelles d'Alsace (DNA)* et *L'Alsace*. Comme d'autres propriétaires de médias, cette banque considère qu'elle peut donc en déterminer le contenu. Par exemple, en janvier 2011, à l'occasion d'une opération d'aide du Crédit mutuel en Haïti, un « reportage » exaltant cette action solidaro-publicitaire a été publié dans les journaux du groupe.

Ce qui a provoqué les protestations des syndicats qui ont dénoncé les « pressions » de la banque, « la mutualisation et l'uniformisation des titres » et une « forme de retour sur investissement ». Ils ont déploré aussi une attitude qui « ne peut que nuire à l'impartialité et à la crédibilité des journaux concernés [16] ».

À l'insu des lecteurs ou des téléspectateurs, cette confusion des genres peut aller très loin. Par exemple, de grands groupes médiatiques sont cotés en Bourse. Cela a-t-il une influence sur les contenus? Oui, les médias qui leur appartiennent font souvent l'impasse sur des informations susceptibles de nuire à ces groupes. Dès 2000, dans un rapport du Pew Research Center, 35 % des journalistes interrogés considéraient que les informations pouvant causer un « conflit d'intérêt » au sein de leurs entreprises n'étaient pas diffusées [17]. Et Walter Wells, ancien directeur de l'*International Herald Tribune* (dont l'actionnaire unique est la New York Times Company, cotée à la Bourse de New York), met notamment en garde contre les conséquences de l'entrée en Bourse des entreprises de presse, car leur objectif prioritaire ne sera plus de fournir une information indépendante, mais de dégager des bénéfices pour leurs actionnaires : « Souvent ceux qui doivent prendre une décision journalistique se demandent si celle-ci fera baisser ou monter de quelques centimes la valeur boursière de l'action du groupe éditeur. Ce genre de considérations est devenu capital, les directeurs de journaux reçoivent constamment des directives dans ce sens de la part des propriétaires financiers du journal.

C'est un fait nouveau dans le journalisme contemporain, ce n'était pas ainsi avant[18]. »

Il faut savoir qu'un cinquième des membres des conseils d'administration des mille principales entreprises américaines siège également à la direction des plus grands médias[19].

Faut-il s'étonner si des journaux appartenant à des groupes multimédias adoptent, comme ligne éditoriale, la défense de la stratégie de leur entreprise ? Persuadés que l'objectif historique des médias dans les démocraties consiste à domestiquer la société, certains titres n'hésitent pas à imposer à leurs lecteurs une conception subjective et partisane de l'information, vidant ainsi de sens le concept de « presse libre » dont ils usent comme d'un pur argument idéologique.

Endogamie politico-médiatique

Il y a aussi le discrédit des « journalistes dominants », une catégorie professionnelle et sociale de plus en plus perçue comme vivant « hors sol », sans vrai contact avec la société. Et en état de complicité permanente, de consanguinité, avec la classe politique, elle-même largement désavouée[20].

À titre anecdotique, on note à cet égard que la France est un des pays d'Europe à présenter le taux le plus élevé d'endogamie politico-médiatique, en raison des nombreux couples à la ville formés par des responsables politiques et des journalistes : Dominique Strauss-

Khan et Anne Sinclair, Bernard Kouchner et Christine Ockrent, Jean-Louis Borloo et Béatrice Schönberg, etc.[21]. « Poussé à ce point, affirment Philippe Cohen et Élisabeth Lévy, le concubinage entre politiques et journalistes est mortel pour les seconds, et peut-être pour les premiers[22]. »

Dans la plupart des « démocraties d'opinion », les journalistes dominants forment une sorte de « compérage » pétri de connivences et de collusions. Il s'agit, comme l'a décrit Serge Halimi, d'« un petit groupe de journalistes omniprésents, et dont le pouvoir est conforté par la loi du silence, qui impose sa définition de l'information-marchandise à une profession de plus en plus fragilisée par la crainte du chômage[23] ». De mèche avec les responsables politiques, ils constituent une sorte de cour frivole, mondaine, où chacun flatte l'autre en montrant une sollicitude touchante dans l'espoir d'obtenir en retour une requête particulière. Ils s'invitent entre eux, fréquentent les mêmes lieux de villégiature. Et quand il leur arrive de « débattre » en public, ils se livrent alors à un cérémonial ritualisé, inoffensif et prévisible.

À cet égard, les fameux dîners du Siècle[24] constituent l'exemple le plus retentissant de ces connivences. Chaque quatrième mercredi du mois, des journalistes en vue (entre autres, Arlette Chabot, Claude Imbert, Laurent Joffrin, Serge July) retrouvent dans les salons du prestigieux Automobile Club de France, place de la Concorde à Paris, les membres les plus puissants des élites dirigeantes françaises. Association très privée qui, depuis plus de soixante ans, organise ces rencontres[25], Le

Siècle est considéré comme l'un des instruments les plus efficaces du « *soft power*[26] » en France.

Cette noblesse de l'entre-soi ne fascine pas uniquement des journalistes des médias traditionnels. Ceux des nouveaux médias numériques n'y sont pas toujours insensibles. Éric Besson l'avait compris dès 2008 : alors en charge, au sein du gouvernement, de l'économie numérique, il invitait à dîner, dans les salons de son secrétariat d'État, rue Saint-Dominique à Paris, des blogueurs en vue qui ne se faisaient pas prier pour y accourir[27]. Après lui avoir succédé, de janvier 2009 à novembre 2010, Nathalie Kosciusko-Morizet a poursuivi l'opération de séduction-corruption, à un degré plus fort et dans un cadre plus tapageur. Elle invitait en effet la crème de la « blogogeoisie » française dans les magnifiques salons de l'hôtel de Broglie, situé rue de Varenne à Paris[28]. À grands coups de somptueux soupers mondains, la secrétaire d'État achetait ainsi la complicité « des blogueurs dits influents (jamais avares de leçons aux journalistes professionnels) qui s'empressaient d'aller ripailler et se vautrer dans une dégoûtante corruption des mœurs[29] ».

Ajoutons que les vraies élites ont toujours aimé l'ombre et la discrétion. Elles ont, par définition, horreur de la transparence. En revanche, tout pouvoir trop surexposé aux feux des médias – comme aujourd'hui le pouvoir politique – se retrouve rapidement discrédité et dévalorisé. C'est pourquoi le pouvoir financier (invisible, indéchiffrable et caché) et celui des médias (qui ne consent à aucune critique) n'ont jamais été aussi intimidants.

Cette situation est alarmante. Au point qu'il n'est pas faux d'affirmer que les médias dominants posent actuellement un grave problème à la démocratie. Ils ne contribuent plus à élargir le champ démocratique, mais travaillent au contraire à le restreindre, le saper et le miner.

La censure démocratique

Peu à peu, les citoyens prennent conscience de ces nouveaux dangers. Tout montre qu'ils font preuve d'une extrême défiance à l'égard des manipulations médiatiques. Paradoxalement, ils craignent de vivre, dans nos sociétés surmédiatisées, en état d'insécurité informationnelle. Car la fiabilité des médias va s'amenuisant à mesure que prolifèrent les informations. Cette prolifération favorise un phénomène nouveau : la « censure démocratique ». Nous pensions que la censure était le propre des régimes autoritaires. Ceux-ci, d'ordinaire, procèdent par « amputations » et « interdictions » de l'information. Ils dressent, entre l'information libre et les citoyens, des obstacles qui entravent la libre circulation de l'info. Mais dans les sociétés démocratiques, les informations sont devenues tellement abondantes, tellement truffées de parasites *(soft news, infotainment, trash news)* qu'elles nous asphyxient littéralement… et nous empêchent de savoir quelles « autres informations » nous sont occultées. De sorte que, maintenant, entre la liberté d'information et les citoyens, se dresse la pile des informations hyperabondantes, tout aussi infranchissable ou presque que les obstacles dressés par les dictatures. En d'autres termes, c'est le « mur de l'information » qui nous interdit désormais d'accéder à l'information. Cet excès bloque la voie vers la connaissance. L'homme contemporain court ainsi le risque de devenir un ignorant bourré d'informations.

La crise de crédibilité des médias a aussi d'autres causes. Les journalismes de spéculation, de divertissement et de spectacle triomphent au détriment de l'exigence de qualité. La mise en scène de l'info l'emporte sur la vérification des faits. Dans les médias en ligne, les nouveaux journalistes ont tendance à accorder surtout du temps à la diffusion des dépêches plutôt qu'à la recherche d'informations ou à la réflexion. Ils sont certes devenus plus réactifs, mais moins méditatifs, davantage attirés par les événements, mais souvent insensibles au contexte.

Il y a, aussi, l'obsession de la rapidité, de l'immédiateté qui conduit les médias à multiplier les erreurs, à confondre fréquemment rumeurs[30] et faits vérifiés.

Les lecteurs d'informations en ligne sont eux-mêmes gagnés par la frénésie du Web. Spécialiste des nouvelles technologies et auteur du livre *The Shallows: What the Internet Is Doing to Our Brains*[31] (« Les Superficiels : l'effet d'Internet sur nos cerveaux »), Nicholas Carr affirme que la pratique de la Toile, l'accoutumance aux ordinateurs, à Google, à Twitter et au multitâche nous éloigne des formes de pensée exigeant réflexion et concentration. Ce qui transforme peu à peu notre mode de fonctionnement intellectuel. Nous devenons plus habiles à traiter des masses d'informations très diverses, mais moins aptes à les approfondir. Avec son hypertexte bariolé et son abîme sans fin d'informations morcelées, Internet nous inciterait à survoler des textes courts sur des thèmes multiples, et nous ferait perdre la capacité à lire des textes longs et complexes[32].

La mort du « quatrième pouvoir »

Ainsi, au lieu d'ériger un rempart contre ces dérives, les médias ont contribué à discréditer le « quatrième pouvoir ».

Il faut se souvenir que, depuis la seconde moitié du XIXe siècle, la presse et les médias ont constitué, au sein des démocraties, le recours des citoyens contre les abus des trois pouvoirs traditionnels (législatif, exécutif et judiciaire) qui peuvent faillir et commettre des erreurs. Nous ne parlons pas ici des États autoritaires, où le pouvoir politique est responsable, par définition, de toutes les violations des droits humains et de toutes les censures contre les libertés.

Dans les régimes démocratiques – où les lois sont votées démocratiquement, les gouvernements issus du suffrage universel et la justice indépendante de l'exécutif –, de graves abus peuvent aussi être commis. Par exemple, la justice peut condamner un innocent (voir l'affaire Dreyfus en France) ; le Parlement peut voter des lois iniques (le Royaume-Uni, la France, la Belgique ou les Pays-Bas conduisirent la colonisation de l'Afrique avec le consentement de leurs assemblées législatives), ou des lois ségrégationnistes à l'égard de certaines catégories de la population (ce fut le cas, aux États-Unis, durant plus d'un siècle, à l'encontre des Afro-Américains). Il arrive, enfin, que des gouvernements démocratiques mettent en œuvre des politiques dont les conséquences peuvent être discriminatoires pour un segment de la population (c'est le cas, à l'heure actuelle, dans plusieurs pays de l'Union européenne, à l'encontre des Roms ou des « sans-papiers »).

Dans un contexte démocratique, les journalistes et les médias ont considéré comme leur devoir de dénoncer ces violations des droits. Ils l'ont parfois payé cher : attentats, « disparitions », assassinats, comme on le constate encore au Mexique, au Honduras, en Colombie, au Guatemala, en Turquie, au Pakistan, en Russie, aux Philippines et ailleurs[33]. C'est pour cette raison qu'on a longtemps parlé du « quatrième pouvoir ». Il s'agissait, en réalité, d'un contre-pouvoir puisqu'il faisait contrepoids aux trois autres. C'est lui qui a permis, dans les démocraties modernes, l'apparition d'un nouvel acteur décisif : l'*opinion publique* (pas d'opinion publique avant l'essor des médias de masse à la fin du XIXe siècle).

Ce « quatrième pouvoir » était, en définitive, grâce au sens civique des médias et au courage des journalistes, celui dont disposaient les citoyens pour critiquer, repousser, contrecarrer – démocratiquement – des décisions politiques ou judiciaires certes légales, mais pouvant se révéler injustes, voire criminelles. La presse devenait ainsi, on l'a souvent dit, la *voix des sans-voix*.

Depuis une vingtaine d'années, à mesure que s'accélérait la mondialisation néolibérale, le contenu de ce « quatrième pouvoir » a été peu à peu vidé de son sens. Il a perdu sa fonction essentielle de contre-pouvoir.

Une seule sphère

Car le pouvoir véritable est désormais détenu par un faisceau de groupes économiques et financiers planétaires et d'entreprises globales dont le poids dans les affaires du monde est parfois plus important que celui des États. Ce sont eux les « nouveaux maîtres du monde ».

Dans ce nouveau cadre géo-économique, s'est produite une métamorphose décisive dans le champ des médias de masse. La « révolution numérique » a brisé les frontières qui séparaient les trois formes traditionnelles de la communication : le son, l'écrit, l'image. Elle a favorisé l'essor du Web. Internet représente un quatrième mode de communiquer, une nouvelle façon de s'exprimer, de s'informer, de créer, de consommer, de se distraire, d'établir des relations…

Les entreprises médiatiques cherchent à rassembler en leur sein tous les médias (édition, photographie, presse, radio, cinéma, télévision, Internet), mais également toutes les activités de trois grandes sphères : la culture de masse, la communication et l'information.

Ces sphères étaient naguère autonomes : d'un côté, la culture de masse, avec sa logique commerciale, ses créations populaires, ses objectifs essentiellement mercantiles ; de l'autre, la communication, la publicité, le marketing, la propagande, la rhétorique de la persuasion ; et enfin, l'information, avec ses agences de presse, les bulletins radiodiffusés ou télévisés, la presse écrite, les chaînes d'information en continu, les sites d'information en ligne, les blogs, bref, l'univers de *tous les journalismes*.

Ces trois sphères, jadis si différentes, se sont peu à peu imbriquées les unes dans les autres pour constituer une seule et unique sphère cyclopéenne au sein de laquelle il devient de plus en plus difficile de distinguer les activités relevant de la culture de masse, de la communication, de l'information ou d'Internet[34]. Internet absorbe tout, il est totalisateur.

De surcroît, ces entreprises médiatiques nouvelles, productrices de symboles, diffusent des messages de tout type, où s'entremêlent télévision, dessins animés, cinéma, jeux vidéo, CD musicaux, DVD, édition, sites Web, villages de loisirs (genre Disneyland), sport-spectacle, etc.

En d'autres termes, les nouvelles entreprises de médias possèdent deux singularités : premièrement, elles s'occupent de tout ce qui relève de l'écrit, de l'image et du son, et diffusent par les canaux les plus divers (presse écrite, radios, télévisions, Web, téléphone, tablettes). Deuxièmement, ces entreprises sont planétaires, globales, et pas seulement nationales ou locales.

Mais les nouveaux géants de la Toile, comme Google,

Yahoo ! ou Facebook, possèdent un avantage décisif : ils sont nés dans le nouvel écosystème et sont beaucoup mieux adaptés à un environnement dont le Web est l'oxygène.

En 1941, Orson Welles s'en prenait au « super-pouvoir » de *Citizen Kane*. Pourtant, comparé à celui des colosses médiatiques planétaires actuels, le pouvoir de Kane était insignifiant. Propriétaire de quelques journaux de presse écrite dans un seul pays, Kane disposait d'un pouvoir nain (sans être pour autant dépourvu d'efficacité à l'échelle locale ou nationale[35]) face à la puissance de feu des nouveaux mastodontes médiatiques.

Une matière première stratégique

La communication (étendue à l'informatique, à l'électronique et à la téléphonie) est devenue une *matière première stratégique*, que contrôlent les nouveaux géants de ces secteurs. Le chiffre d'affaires des industries de la communication, au sens large (informatique, Internet, téléphonie, médias, culture, jeux vidéo, publicité, réseaux sociaux), qui était d'environ 1 000 milliards d'euros en 1995, s'élevait, en 2010, à quelque 3 000 milliards d'euros, représentant environ 15 % du PIB mondial.

La mondialisation, c'est donc – aussi – *la mondialisation des médias de masse*, de la communication, de l'information et du Web. D'un bout à l'autre de la planète, les seigneurs des réseaux sont les mêmes : Time Warner, Walt Disney Company, News Corporation et Bertelsmann, qui dominent les industries du divertissement[36] ; Hewlett Packard, Samsung, Dell et Hitachi, premiers groupes d'électronique grand public ; AT&T, NTT, Verizon et Deutsche Telekom, qui dominent le marché des télécommunications ; Alcatel, Nokia, Cisco Systems et Motorola, principaux équipementiers en télécommunications ; Hewlett Packard, Dell, Acer et Lenovo, qui règnent sur le marché des matériels informatiques ; Microsoft, Oracle Corporation, Symantec et SAP AG, premiers fabricants de logiciels informatiques ; Facebook, MySpace, Twitter, principaux réseaux sociaux ; Google, Yahoo ! et Bing, en tête des moteurs de recherche ; et d'autres firmes planétaires comme Apple[37], Sony, LG, Philips, eBay (propriétaire de PayPal), Amazon, etc.

Préoccupés par la poursuite de leur gigantisme et par la conquête de nouveaux marchés qui les contraint à courtiser les autres pouvoirs, les grands groupes médiatiques ne se proposent plus, comme objectif civique, d'être un « quatrième pouvoir », ni de dénoncer les abus contre le droit ou de corriger les dysfonctionnements de la démocratie. Ils ne souhaitent même plus s'ériger en « quatrième pouvoir », et encore moins *agir* comme un contre-pouvoir.

S'ils continuent de se réclamer d'un « quatrième pouvoir », c'est parce qu'ils s'ajoutent désormais aux autres pouvoirs dominants : politique, économique, financier. Et parce qu'ils n'ont guère de scrupules à dominer, à leur tour, comme pouvoir supplémentaire, comme pouvoir médiatique, les citoyens.

Guerres médiatiques

Comment résister à l'offensive de ce nouveau pouvoir qui a, en quelque sorte, trahi les citoyens et est passé avec armes et bagages du côté de l'« oppresseur » ?

Nous avons proposé de créer un *cinquième pouvoir*[38] dont la fonction serait de dénoncer le superpouvoir de quelques grands groupes médiatiques qui, dans certaines circonstances, ont cessé de défendre les citoyens et agi contre eux. Comme cela se constate, actuellement, dans de nombreux pays.

Au Venezuela, en Équateur, en Bolivie, en Argentine et dans d'autres États où l'opposition conservatrice a été battue lors d'élections démocratiques, les principaux groupes de presse, de radio et de télévision ont déclenché une véritable *guerre médiatique* contre la légitimité des nouveaux présidents, respectivement Hugo Chávez[39], Rafael Correa, Evo Morales, Cristina Fernández.

Aux États-Unis, les médias de la droite républicaine n'ont pas plus accepté l'élection, en 2008, de Barack Obama. Leurs « offensives de haine » contre les différentes mesures préconisées par l'Administration Obama, en particulier contre la réforme de la santé, ont conduit à une polarisation extrême de la vie politique. Elles ont favorisé l'essor du Tea Party, un mouvement qui se réclame de la droite dure et dont les partisans exhibent de grandes photos de Barack Obama affublé de la moustache de Hitler… Rush Limbaugh, animateur radio ultraconservateur, considéré comme l'une des cinquante personnalités médiatiques les plus influentes des États-

Unis, est payé 50 millions de dollars par an pour provoquer et attaquer inlassablement Barack Obama, qu'il qualifie de « nègre magique », de « crétin » et de « démoniaque ».

Les médias ultraconservateurs appartenant au groupe News Corp de Rupert Murdoch, notamment la chaîne Fox News, constituent le fer de lance de toutes ces campagnes. L'animateur vedette de Fox News, Glenn Beck, est connu pour avoir qualifié Barack Obama de « raciste ». Dans les chaînes câblées populistes, chaque soir, une autre star, Bill O'Reilly, attaque Obama à base de fausses vérités, d'allusions aux relents racistes et raille les musulmans. Avec leur rhétorique empoisonnée, ces médias excitent et galvanisent les Américains tous les jours, vingt-quatre heures sur vingt-quatre. Ils instillent une paranoïa permanente et créent un dangereux climat de violence. Certains analystes les accusent d'être les « auteurs intellectuels » de la tuerie de Tucson le 8 janvier 2011 : un jeune de vingt-deux ans tira sur un rassemblement démocrate, faisant six morts et quatorze blessés, dont l'élue démocrate de l'Arizona, Gabrielle Giffords, grièvement atteinte à la tête.

Appareils idéologiques de la mondialisation

Dans la nouvelle guerre idéologique qu'impose la mondialisation, les médias sont utilisés comme une arme de combat. Ils ont abandonné la fonction d'un quelconque « quatrième pouvoir » et cherchent à défendre leurs privilèges de caste. Comme jadis l'oligarchie terrienne, ces propriétaires de « *latifundia* médiatiques » s'opposent à toute réforme sociale et à toute distribution un peu plus juste des immenses richesses nationales.

Ces cas sont exemplaires de la nouvelle situation internationale dans laquelle des groupes médiatiques, rendus furieux, assument ouvertement leur nouvelle fonction de *chiens de garde* du désordre économique établi et leur nouveau statut de pouvoir antipopulaire. Ces grands groupes ne s'assument pas seulement comme pouvoir médiatique, ils sont surtout devenus les *appareils idéologiques de la mondialisation*.

Ils ne se comportent plus comme des médias, mais comme de véritables partis *politiques*. Ils ne revendiquent pas le droit à la critique, mais s'érigent en opposition *idéologique*. Leur vraie mission est de contenir les revendications populaires. Leur modèle reste Silvio Berlusconi, patron du principal groupe de communication italien, élu, démocratiquement, président du Conseil. Berlusconi a démontré que, quand on possède la première fortune d'un pays et qu'on en contrôle son principal groupe médiatique, gagner – démocratiquement – une élection nationale est une simple formalité.

La « guerre sale médiatique », conduite actuellement dans de nombreux États contre des présidents démocratiques, est la réplique de ce qu'avait fait au Chili, au début des années 1970, le quotidien *El Mercurio*[40] contre le gouvernement du président Salvador Allende, jusqu'à pousser les militaires au coup d'État du 11 septembre 1973.

De telles campagnes, où les médias cherchent à abattre la démocratie, se poursuivent. Victime d'une tentative de coup d'État le 30 septembre 2010, le président de l'Équateur, Rafael Correa, accuse les médias. Il estime que leur responsabilité dans ce putsch a été « énorme, les médias conspirent en permanence. Ce sont les "chiens de garde" du *statu quo ante*. Le peuple de Quito avait été chauffé à blanc et manipulé durant des semaines par une presse corrompue. Nous vivons ce genre de situation en permanence depuis le premier jour de notre mandat. En grande partie parce que nous refusons de nous soumettre au diktat des médias. Ceux-ci considèrent qu'ils sont un pouvoir omnipuissant[41] ».

Au Honduras, le 28 juin 2009, le président Manuel Zelaya a eu moins de chance. Il fut renversé par un coup d'État organisé par une alliance entre les pouvoirs de l'oligarchie traditionnelle et ceux de la réaction classique (forces armées, Église) auxquels s'étaient joints les pouvoirs médiatiques. Ensemble – et au nom de la « liberté d'expression »! –, ils se sont attaqués aux réformes, votées démocratiquement, qui défendaient les intérêts de la majorité de la population.

Telle est la façade médiatique de la globalisation. Médias de masse et mondialisation libérale sont liés. Il est urgent d'exiger, des grands médias, qu'ils permettent aux journalistes d'agir en fonction de leur conscience, et non en fonction des intérêts des groupes, des entreprises et des patrons qui les emploient.

L'INFORMATION CONTAMINÉE

En raison de son explosion, de sa multiplication, de sa surabondance, l'information se trouve littéralement contaminée, empoisonnée par toutes sortes de mensonges, polluée par les rumeurs, par les déformations, les distorsions, les manipulations.

Il se produit dans ce domaine ce qui s'est passé avec l'alimentation. Pendant très longtemps, la nourriture a été rare, et elle l'est encore dans de nombreux points du globe. Mais lorsque, vers 1950, les campagnes commencèrent à produire en abondance, en particulier dans les pays d'Europe de l'Ouest ou d'Amérique du Nord, grâce aux « révolutions agricoles », on s'aperçut que de nombreux aliments étaient contaminés, empoisonnés par des pesticides, qu'ils provoquaient divers problèmes de santé (obésité, maladies cardiovasculaires, cancers...), ce qui allait jusqu'à produire des paniques de masse comme le fit, dans les années 1980, la peste de la « vache folle ». On prit conscience que si, avant, on pouvait mourir de faim, désormais on peut mourir d'avoir mangé des aliments contaminés.

Avec l'information, c'est pareil. Historiquement, elle a été très rare. Encore aujourd'hui, dans les régimes dictatoriaux, il n'y a pas d'information fiable et complète. En revanche, dans les États démocratiques, elle déborde de toutes parts. On l'a vu, elle nous asphyxie. Le philosophe grec Empédocle disait que le monde était constitué de la combinaison de quatre éléments : air, eau, terre, feu. À l'ère du numérique, l'information est devenue tellement abondante qu'elle constitue le *cinquième élément* de notre monde globalisé.

Mais, en même temps, chacun vérifie que, comme la nourriture, l'information est contaminée. Elle nous empoisonne souvent l'esprit, nous pollue le cerveau, nous intoxique ; elle tente d'instiller dans notre inconscient des idées qui ne sont pas les nôtres. C'est pourquoi les citoyens réclament de plus en plus ce qu'on pourrait appeler une « écologie de l'information », pour nettoyer et décrasser l'information de la « marée noire » des mensonges[42].

Il faut décontaminer l'information. Et réclamer une décroissance de son volume. Moins d'infos, mais mieux d'info. De même qu'il y a de la nourriture « bio », *a priori* moins contaminée que le reste, il faudrait obtenir une sorte d'« information bio ». Pouvoir acheter un journal estampillé : « Garanti sans mensonges ». Pouvoir consulter un site en ligne exhibant le label : « Sans rumeurs ». Regarder une émission de télévision portant l'incrustation : « Non testé sur les citoyens ». Ou écouter une radio avec ce jingle : « Produit issu de l'information vérifiée ».

Beaucoup de citoyens sont préoccupés par la nouvelle arrogance des industries géantes de la communication. Les grands médias privilégient leurs intérêts particuliers au détriment de l'intérêt public. Ils confondent liberté d'expression et liberté d'entreprise, et considèrent celle-ci comme la « première des libertés ». C'est un abus. La liberté d'entreprise ne peut, en aucun cas, prévaloir sur le droit des citoyens à une information rigoureuse et vérifiée, ni servir de prétexte à la diffusion de fausses nouvelles, de diffamations ou de campagnes de manipulation de masse.

La liberté des médias n'est que l'extension de la liberté collective d'expression, fondement de la démocratie. En tant que telle, elle ne saurait être confisquée par un groupe d'oligarques. Il ne faut jamais oublier que les médias demeurent, dans les États de droit, le seul pouvoir sans contre-pouvoir, ce qui crée un déséquilibre dommageable pour la démocratie.

III

« Serial bidonneurs »

On connaît la consigne : « Les faits sont sacrés, l'opinion est libre. » Mais l'attitude qui s'est répandue dans beaucoup de médias a inversé la formule. De nombreux journalistes considèrent que ce sont leurs opinions – pas toujours étayées – qui sont sacrées. Ils n'hésitent donc pas à déformer les faits pour les contraindre à s'adapter à leurs opinions. Le parti pris, le manque d'objectivité, les mensonges, les manipulations, les informations occultées ou minimisées[1], et même tout simplement les bidonnages n'ont cessé d'augmenter. De telles dérives n'ont pas épargné des quotidiens de qualité.

Ainsi, aux États-Unis, l'affaire Jayson Blair – un journaliste vedette falsificateur de faits, plagiaire d'articles copiés sur Internet et inventeur de dizaines d'histoires – a causé un tort colossal au *New York Times*, qui avait souvent publié en « Une » ses affabulations[2]. Dès lors, ce « journal de référence » a été secoué par un véritable séisme : les deux patrons de la rédaction, Howell Raines et Gerald Boyd, furent contraints à la démission. Et pour rassurer les lecteurs, un poste d'ombudsman (médiateur) fut créé, confié à Daniel Okrent, un essayiste et ancien rédacteur en chef du magazine *Time*.

Quelques mois plus tard éclatait un scandale plus retentissant encore. Il concernait le premier quotidien américain, *USA Today*. Avec stupeur, ses lecteurs découvraient que son reporter le plus célèbre, Jack Kelley – une star internationale qui sillonnait la planète, avait interviewé trente-six chefs d'État et couvert une dizaine de guerres –, était un faussaire compulsif, un « serial bidonneur ». Entre 1993 et 2003, Kelley avait inventé des centaines de récits formidables. Comme par hasard, il se trouvait toujours sur le lieu de l'événement et en ramenait des histoires exceptionnelles. Dans un de ses reportages, il prétendait avoir été témoin oculaire d'un attentat-suicide dans une pizzeria à Jérusalem, décrivait trois clients qui déjeunaient à ses côtés et dont les corps, projetés par l'explosion, étaient retombés sous ses yeux, leurs têtes arrachées roulant dans la rue[3]... Il faillit gagner le prix Pulitzer[4].

Un autre reportage, paru le 10 mars 2000, concernait Cuba. Kelley avait photographié une employée d'hôtel, « Jacqueline », dont il racontait en détail la fuite à bord d'une frêle embarcation et la tragique noyade dans le détroit de Floride. En réalité, cette femme – de son vrai nom Yamilet Fernández – était vivante et n'avait jamais vécu pareille mésaventure. Comme devait le démontrer un enquêteur du *USA Today*,

Blake Morrison, qui l'avait rencontrée et avait pu vérifier les affabulations de Kelley[5]. La révélation de ces fraudes, considérée comme l'un des plus grands scandales du journalisme américain, coûta leur poste à la directrice de la rédaction, Karen Jurgensen, et à deux autres dirigeants importants : Brian Gallagher, son adjoint, et Hal Ritter, responsable de l'information[6].

À l'automne 2004, en pleine campagne électorale, un nouveau séisme déontologique secouait les médias. Dan Rather, le présentateur vedette du journal télévisé *Evening News*, de la chaîne CBS, et de la prestigieuse émission *Sixty minutes*, reconnaissait avoir diffusé, sans les avoir vérifiés, de faux documents « prouvant » que le président George W. Bush avait bénéficié de soutiens pour échapper à la guerre du Vietnam[7]. Le fond était vrai, mais les « preuves » étaient fausses. Le vétéran Dan Rather dut abandonner ses fonctions et se retirer...

INTOX SUR L'IRAK

À ces désastres, il faut ajouter, à partir du 11 septembre 2001, la reprise par les grands médias – transformés en organes de propagande, en particulier la chaîne Fox News[8] – des mensonges de la Maison Blanche sur les prétendues « armes de destruction massive » détenues par l'Irak de Saddam Hussein. La plupart des journaux n'ont ni vérifié ni mis en doute les affirmations mensongères de l'Administration Bush. Si le documentaire *Fahrenheit 9/11*, de Michael Moore, eut un tel succès, c'est parce que les informations qu'il révélait (disponibles depuis longtemps) avaient été délibérément occultées par les grands médias.

Même le *Washington Post* ou le *New York Times* ont participé au « bourrage de crâne », comme l'a montré l'analyste des médias John Pilger : « Bien avant l'invasion, ces deux quotidiens criaient au loup pour le compte de la Maison Blanche. À la "Une" du *New York Times*, on pouvait lire les titres suivants : "Arsenal secret [de l'Irak] : la chasse aux bactéries de la guerre", "Un déserteur décrit les progrès de la bombe atomique en Irak", "Un Irakien parle des rénovations des sites d'armes chimiques et nucléaires", et "Des déserteurs confortent le dossier américain contre l'Irak, disent les officiels". Tous ces articles se sont révélés de la propagande pure. Dans un courrier électronique interne, publié par le *Washington Post*, la journaliste vedette du *New York Times*, Judith Miller, admit que sa source principale était Ahmed Chalabi, un exilé irakien et un prévaricateur condamné par les tribunaux, qui avait dirigé le Congrès national irakien (CNI) basé à Washington et financé par la CIA. Une enquête du Congrès conclut plus tard que presque toute l'information fournie par Chalabi et d'autres exilés du CNI était sans valeur[9]. »

Un officier de la CIA, Robert Baer, a révélé comment fonctionnait ce système d'intox : « Le Congrès national irakien prenait ses informations auprès de faux déserteurs et les refilait au Pentagone, puis le CNI passait ces mêmes informations à des journalistes en leur disant : "Si vous ne nous croyez pas, appelez donc le

Pentagone." Vous aviez ainsi une information circulant en boucle. Le *New York Times* pouvait dire qu'il avait deux sources sur les armes de destruction massive en Irak. Le *Washington Post* aussi. Les journalistes ne cherchaient pas à en savoir plus. Et d'ailleurs, souvent, leur hiérarchie leur demandait de soutenir le gouvernement. Par patriotisme[10]. »

Le rédacteur en chef du *Washington Post*, Steve Coll, renonça à ses fonctions le 25 août 2004, après une enquête mettant en évidence le peu de place accordé aux articles contestant la thèse du gouvernement dans la période précédant l'invasion de l'Irak[11]. Le *New York Times* a fait aussi son *mea culpa*. Dans un éditorial publié le 26 mai 2004, il a reconnu son « manque de rigueur » dans la présentation des événements qui ont conduit à la guerre et a regretté d'avoir publié des « informations erronées ».

La statue de Saddam

Mais la manipulation ne s'est pas limitée aux événements ayant précédé et préparé la guerre. Une fois celle-ci commencée, le 23 mars 2003, il y eut aussi l'arnaque des journalistes « *embedded* », embarqués au sein d'unités combattantes. Au prétexte d'être « au plus près des affrontements », ces reporters, souvent revêtus de *battle dress*, furent littéralement « baladés », contraints presque toujours d'adopter – ne serait-ce que par solidarité devant les dangers encourus en commun – le point de vue (triomphaliste) des militaires qui les hébergeaient[12]. Cet épisode signifia la débâcle ultime de la prétendue « objectivité journalistique ».

Il a fallu parfois attendre longtemps pour rétablir l'exacte vérité à propos des informations diffusées alors. Ainsi, ce n'est qu'en janvier 2011 qu'a été publiée une enquête exemplaire de Peter Maass (financée par *ProPublica*[13]) sur les origines d'un des plus importants bidonnages de la guerre d'Irak : quand les médias avaient « gonflé » les scènes de liesse lors de la célèbre démolition de la statue de Saddam Hussein, à Bagdad, le 9 avril 2003.

Ces images qui firent le tour du monde avaient voulu symboliser la victoire américaine. Certains médias n'avaient eu aucun scrupule à les comparer à celles de la libération de Paris en août 1944. Donald Rumsfeld, secrétaire d'État américain à la Défense, avait déclaré : « En les voyant, on ne peut s'empêcher de penser à la chute du mur de Berlin et à l'effondrement du rideau de fer. » Pas moins… Or, on sait maintenant que ces vues ont été entièrement fabriquées pour servir la campagne de propagande[14]. En fait, la guerre d'Irak ne faisait que commencer…

L'affaire Kelly

Au Royaume-Uni, les débats à propos de la guerre d'Irak débouchèrent sur l'affaire Kelly. On se souvient qu'elle a commencé quand, dans un dossier présenté le 24 septembre 2002, le gouvernement de Tony Blair gonfla délibérément les « informations » sur les « armes de destruction massive » prétendument détenues par Saddam Hussein. Ses auteurs y affirmaient – sans aucune preuve – que Bagdad était « en mesure de lancer une dévastatrice attaque chimique ou biologique dans un délai de quarante-cinq minutes »… Une « information » choc, aussitôt reprise par les médias du monde entier.

Mais le 29 mai 2003, un journaliste de la BBC, Andrew Gilligan, dans son programme de radio *Today* (puis, le 1er juin, dans l'hebdomadaire *The Mail on Sunday*), révèle que cette fausse information a été ajoutée au dossier, sur ordre formel d'Alastair Campbell, bras droit de Tony Blair, pour « corser » le document. Un énorme scandale s'ensuit. Campbell dément : « L'affirmation de la BBC est un mensonge. »

Occultant le vrai débat sur leurs exagérations et leurs mensonges, les autorités font pression de tout le poids de l'État sur la BBC. Elles évitent de parler du fond, du message, et s'en prennent au messager. Elles veulent connaître la « source » de Gilligan, remontant ainsi jusqu'à David Kelly, un expert lié au ministère de la Défense qui s'est rendu une quarantaine de fois en Irak avec les inspecteurs de l'ONU à la recherche d'armes de destruction massive. Mieux que quiconque, il sait qu'il n'y en a pas.

Le ministère de la Défense interroge Kelly pendant plusieurs jours. Celui-ci reconnaît avoir rencontré Andrew Gilligan mais nie être « la source principale du journaliste ». Il est menacé de poursuites. Les médias pro-guerre le harcèlent, le traitent de « vipère tortueuse ». Des membres du gouvernement Blair le qualifient de « taupe », de « traître », simplement parce qu'il a osé dire la vérité et dénoncé de purs mensonges. David Kelly est psychologiquement brisé. Poussé à bout, il quitte son domicile, près d'Oxford, le 17 juillet 2003, et se suicide.

Ce qui ne mettra pas fin à l'acharnement contre lui : en janvier 2004, un rapport rédigé par le juge Brian Hutton conclut que la BBC a été « fautive » d'avoir diffusé, contre le gouvernement, des informations « sans fondement ».

L'AFFAIRE VALERIE PLAME

Ce scandale rappelle, en moins tragique, l'affaire Plame[15] aux États-Unis. Valerie Plame, agent de la CIA, était l'épouse d'un ambassadeur américain, Joseph Wilson, qui avait courageusement démenti – dans le *New York Times* du 6 juillet 2003 – une prétendue vente d'uranium du Niger à l'Irak, citée par le président George W. Bush dans le but d'attester l'existence d'une « menace nucléaire » en Irak et justifier ainsi l'invasion de ce pays.

En représailles, pour discréditer Joseph Wilson et lui nuire, les autorités américaines avaient révélé publiquement, avec l'aide de journalistes complices – notamment Robert Nowak et Judith Miller[16] –, le caractère d'agent secret de son épouse Valerie Plame. Ce qui mettait en danger tous ses informateurs (pro-américains !) – en particulier en Irak –, et, qui plus est, constituait un crime fédéral…

Au bord du précipice

Pour toutes ces raisons (technologiques mais aussi déontologiques et idéologiques), la presse quotidienne payante se retrouve au bord du précipice et recherche à tout prix des idées pour survivre. Certains spécialistes considèrent que ce modèle d'information est obsolète. Son cycle serait terminé. Ainsi, Michael Wolf, du site *Newser* (www.newser.com), estime que 80 % des quotidiens américains vont disparaître [17]. Encore plus pessimiste, Rupert Murdoch, le patron de News Corp, prédit la disparition, au cours de la prochaine décennie, de *tous* les journaux payants.

D'autres, comme les « darwinistes » britanniques Hugo Dixon, fondateur de *Breakingviews.com*, et Robert Shrimsley, responsable éditorial de *FT.com*, estiment que la crise actuelle est salutaire, car elle constituerait « un moment opportun de vérité financière. Les forces du marché balayent les faibles et les blessés, et seuls les meilleurs survivent. Les faillites des nouvelles entreprises vont réduire les moyens et ramener le marché à l'équilibre. Les survivants vont prospérer, si leurs produits correspondent à la demande de leurs clients [18] ».

IV

Innovations et réussites

JOURNALISME À BUT NON LUCRATIF

Dans des niches du Web, de nouveaux sites d'information s'épanouissent en se spécialisant sur des sujets très précis. On y distingue plusieurs tendances. En premier lieu, le « journalisme à but non lucratif » *(nonprofit news)* financé par des mécènes, des fondations ou des dons versés par des citoyens *(crowdfunding)* qui ne souhaitent pas voir disparaître l'information indépendante, un des piliers de la démocratie.

Il ne s'agit pas d'une formule magique, mais c'est une piste intéressante. Les exemples commencent à se multiplier, surtout aux États-Unis où cette tradition existe déjà dans d'autres médias. Les auditeurs de certaines stations de radio associatives, par exemple, ont l'habitude de faire des dons pour soutenir des causes sociales, humanitaires ou politiques qui leur tiennent à cœur.

La réussite du cyberjournalisme à but non lucratif la

plus souvent citée est celle du site associatif *Voice of San Diego* (www.voiceofsandiego.org), géré par une douzaine de salariés, dont la moitié sont des journalistes. Créé en 2005, avec un budget annuel d'environ 1 million de dollars (750 000 euros) et une audience de quelque 100 000 visiteurs uniques par mois, *Voice of San Diego* s'est spécialisé sur un thème concret : la qualité de vie dans la commune et son environnement. Ses enquêtes originales et approfondies sur des sujets locaux lui ont déjà valu plusieurs récompenses.

On peut aussi rappeler le cas du *Texas Tribune* (www.texastribune.org), lancé le 3 novembre 2009. L'initiative en revient à un mécène, John Thornton. Alarmé par la disparition du journalisme d'investigation indépendant qu'il considère comme un *bien public*, Thornton réunit plusieurs journalistes chevronnés, apporta personnellement 1 million de dollars, réussit à convaincre d'autres mécènes ou fondations d'en ajouter deux autres et persuada un millier de personnes de verser chacune une petite somme. Avec un capital de 3,6 millions de dollars (2,75 millions d'euros), il put recruter une équipe rédactionnelle de tout premier ordre (dont Brian Thevenot, deux fois prix Pulitzer) et créer le journal Web à but non lucratif *The Texas Tribune,* de haute qualité.

Une vingtaine de ces sites « sans but lucratif » – dont *Voice of San Diego* – se sont regroupés au sein du réseau Investigate News Network[1] (INN) dans le but, entre autres, de collecter des fonds auprès de mécènes et de fondations. Selon une enquête réalisée par le J-Lab[2] pour The Institute for Interactive Journalism (qui est financé par la Knight Foundation), les grandes fondations américaines (Carnegie, Ford, Hewlett, Pew, Rockfeller...) auraient fait don, entre 2005 et 2009, de quelque 128 millions de dollars (98,5 millions d'euros) à ces nouveaux sites pour garantir leur indépendance et la qualité de leurs informations.

Il va sans dire que la consultation de tous ces sites – réalisés par des journalistes professionnels salariés – est gratuite. Leurs créateurs partent du principe que la culture dominante, pour l'instant, sur le Web ouvert reste la gratuité, et que les internautes, hostiles à une culture de la marchandise, ne sont pas encore disposés à payer pour accéder à des sites d'information[3]. Une démarche différente de celle adoptée, en France, par les fondateurs de *Mediapart*, par exemple, qui ont choisi le système de l'abonnement payant et misent sur une rentabilité prochaine de leur site.

The Huffington Post

Une autre tendance du journalisme de demain est celle qui mêle, sur un même site, le travail de journalistes professionnels, d'experts, et des apports participatifs de blogueurs et d'internautes. Un exemple de ce journalisme pluriel est fourni, en France, par *Rue89* qui « propose une info à trois voix : journalistes, experts, internautes ». À l'échelle internationale, la réussite la plus spectaculaire de cette école est le *Huffington Post*.

Créé par Arianna Huffington, en mai 2005, ce site

d'agrégation de contenus recense, comme des centaines d'autres, des infos en continu, des alertes, des dépêches, des articles puisés à diverses sources. Mais il y ajoute des chroniques de grands spécialistes, écrites spécifiquement pour ce support, et les contributions de quelque 6 000 blogueurs parfois célèbres (Hillary Clinton, Michael Moore, John Kerry, Nancy Pelosi, etc.). Le *Huffington Post* a également beaucoup développé le *video blogging*.

Il doit en partie son succès « à sa judicieuse stratégie de référencement, une technique qui permet d'apparaître en bonne place dans les moteurs de recherche, notamment Google, en publiant des contenus avec des mots clés très recherchés par les internautes. Les titres des articles du site, souvent ironiques, mêlent ainsi noms de célébrités politiques ou *people* et tournures à double sens, idéalement à connotation sexuelle ou scatologique[4] ».

En à peine cinq ans, ce site, avec sa soixantaine de journalistes, est devenu une référence médiatique centrale, le grand succès mondial de l'information en ligne nouvelle génération. Il est parvenu à capter énormément de publicité et, avec ses 26 millions de visiteurs uniques par mois, il s'est hissé au deuxième rang dans le classement des sites d'information américains de plus forte audience. Il talonne de très près le *New York Times* et ses 1 100 journalistes. Ce qui a poussé AOL à l'acheter pour 315 millions de dollars au cours d'une spectaculaire opération en février 2011.

On peut toutefois reprocher au « *Hufpost* » de séduire surtout en raison du caractère *people* de certains de ses collaborateurs et de l'attrait que représentent les vidéos (souvent puisées sur YouTube). Il propose moins d'informations que d'opinions. L'opinion étant, pour un média, ce qui coûte le moins cher à produire ; moins, en tout cas, que les reportages ou les enquêtes de terrain. Par ailleurs, le *Huffington*, comme la plupart des sites agrégateurs[5], emprunte beaucoup de contenus à d'autres médias, sous forme de liens hypertextes.

Cela exacerbe la concurrence entre les « anciens » et les « nouveaux » médias. En effet, ces emprunts soulèvent la question du « droit de citation » et vont certainement donner lieu, dans les années à venir, à des empoignades juridiques entre les sites agrégateurs *low cost* et les médias d'information de qualité. Bill Keller, directeur du *New York Times* dont le site Web – devenu payant depuis le début 2011 – est le plus fréquenté au monde (43,7 millions de visiteurs uniques par mois, dont 5,6 millions viennent d'Europe), qualifie ces « emprunts » de vols : « Le *Huffington* reproduit presque *in extenso* nos articles, au point que nul n'a plus besoin de cliquer sur le lien vers notre site. Or, il y a une différence entre créer un lien et voler. Il faut parvenir à un accord pour pouvoir citer sans faucher. Pour l'instant, c'est le Far West. Il faudra bien qu'il y ait un shérif dans la ville sans loi[6]. »

POLITICO.COM

Lancé, en janvier 2007, par le magnat (conservateur) des médias Robert Allbritton, propriétaire de chaînes de télévision câblées et de stations de radio, le site de presse en ligne *Politico.com* (www.politico.com) s'est très vite imposé – surtout dans les milieux républicains – comme une référence de l'information politique américaine, en se spécialisant sur l'actualité du Congrès et de la Maison Blanche à Washington.

Cette réussite doit beaucoup aux journalistes John Harris et Jim Vandehei, débauchés du *Washington Post*. Ils ont su s'entourer de professionnels prestigieux recrutés au sein des services politiques de grands titres de la presse américaine, dont Mike Allen, l'un des journalistes les plus influents sans doute de Washington, venu du magazine *Time*.

Au départ, le site a surtout fonctionné comme une plateforme multimédia classique, en s'appuyant sur les chaînes et les radios du groupe Allbritton Communications, son actionnaire principal. Équipé d'une caméra numérique, chaque journaliste filmait ses entretiens ou les débats au sein du Congrès, puis commentait les images en plateau, son et images étant diffusés, *via* Internet, à la télévision (en partenariat avec CBS *News*), à la radio et parfois même dans la version papier gratuite au format tabloïd, *The Politico*, tirée à quelque 32 000 exemplaires[7].

Mais, très vite, son site de presse en ligne *Politico.com* s'est imposé grâce aux nombreux blogs signés par de grandes plumes, aux reportages en temps réel à l'intérieur même du Congrès, aux interventions des citoyens qui s'adressent directement aux parlementaires, aux nombreuses contributions de lecteurs dont les reportages sur la politique locale sont rétribués à hauteur de 100 dollars.

Selon un spécialiste des médias en ligne, *Politico.com* « a transformé le Capitole en un petit Hollywood de la politique : les manœuvres, les coups bas, les promotions fulgurantes, les mensonges... Sa rubrique *Politico 44* est un véritable journal intime, minute par minute, du président Obama. Ses rédacteurs ont imposé un rythme endiablé qui a changé le temps des médias américains : les nouvelles sont désormais périmées en à peine vingt minutes[8]... ».

Multipliant les scoops et les révélations, ce site s'est hissé, en trois ans, au rang d'acteur majeur de la vie politique américaine. Considéré comme l'un des plus grands succès planétaires de l'information en ligne, il a réussi à devenir rentable en un temps record. En 2010, sa marge bénéficiaire a été de 25 %. D'après une étude de l'institut Nielsen, *Politico.com* aurait, chaque mois, entre 3 et 4 millions de visiteurs uniques... Le nombre de ses salariés, une petite centaine en 2009, a grimpé, fin 2010, à 170.

Le modèle économique de *Politico.com* est fondé sur le « tout gratuit », mais le journal en ligne a lancé, début 2011, un site payant : *Politico Pro*, destiné à des internautes disposés à acheter des informations privilégiées. Une équipe de quarante journalistes hyperspécialisés a été recrutée pour l'occasion, chargée de suivre les politiques américaines en matière notamment d'énergie, de technologies et de santé. Montant de l'abonnement annuel : 1 495 dollars (1 115 euros) pour les membres du Congrès ; plus de 2 000 dollars (1 540 euros) pour les lobbyistes et les entreprises[9]. Internet ne change décidément pas l'inégalité des citoyens devant l'information.

Journalisme de base de données

Un autre genre prospère dans les niches d'Internet : le « journalisme de base de données » *(database journalism)*. Il est perçu comme une importante conquête de la démocratie moderne parce qu'il permet de rechercher et d'accéder instantanément à des stocks d'informations constitués par des institutions publiques ou privées. Il repose sur un principe fondamental du journalisme de toujours : « Les faits sont sacrés. » Une lecture attentive des données permet parfois à des journalistes d'investigation de découvrir d'importantes informations passées inaperçues ou délibérément occultées.

Pour Alain Joannès, « il ne s'agit ni d'une révolution ni d'un nouveau journalisme, mais simplement d'une recherche et d'un traitement de l'information avec les outils d'aujourd'hui et pour les audiences actuelles. À partir de l'exploitation de chiffres, de statistiques, de fonds cartographiques, c'est une méthodologie pour faire de l'investigation et mettre en scène ses résultats, c'est un outil pour mettre en évidence des faits et apporter des preuves[10] ».

Collecter des données sur un sujet précis, les classer (au moyen de logiciels puissants) pour mieux les faire parler et les mettre ensuite en ligne à la disposition des lecteurs est un travail qui passionne un nombre croissant de journalistes[11]. Il suscite toujours un grand intérêt chez les internautes.

Spécialiste des médias en ligne, Benoît Raphaël rapporte un exemple survenu à Cincinnati : « Le Data Center du quotidien régional *Cincinnati Enquirer*, par exemple, a généré 40 millions de pages vues depuis son lancement en décembre 2006. Il s'agit d'un catalogue de bases de données locales allant de la liste des crimes par quartier, de celle (assez effrayante) des délinquants sexuels locaux, en passant par la liste des salaires des employés fédéraux (gros succès). On y trouve même la liste des boîtes de croquettes pour chien rappelées par leurs fabricants[12]... »

Bien entendu, ce genre journalistique s'est surtout développé aux États-Unis où les médias peuvent se brancher sans trop de difficultés sur les bases de données de l'Administration et des services publics. En France, le phénomène commence à s'étendre. La mairie de Paris, par exemple, a ouvert, le 27 janvier 2011, le site *Paris Data* (http://opendata.paris.fr) qui met à la disposition de tous et gratuitement « des millions de données ». Mais ce n'est pas le cas, pour l'instant, dans la plupart des pays européens où, sous l'accusation de « non-respect du devoir de réserve », les fonctionnaires peuvent être sanctionnés s'ils diffusent des données sensibles[13]. Toutefois la demande de transparence se fait, partout, de plus en plus forte, malgré les dynamiques de régulation que les États cherchent à imposer.

Cette exigence de transparence pose, d'ailleurs, des

problèmes délicats de respect de la vie privée, de délation, de divulgation du nom d'auteurs de délits prescrits [14], ou de diffusion d'informations considérées par les autorités officielles comme des « secrets d'État ».

V

WikiLeaks

La « publication illégale de documents confidentiels[1] » est le principal reproche fait par de nombreux gouvernements – à commencer par celui des États-Unis – au plus célèbre des sites de diffusion d'informations confidentielles, « fuitées » de bases de données : *WikiLeaks* (http://mirror.WikiLeaks.info).

De violents débats font rage dans le monde pour savoir si *WikiLeaks* a fait avancer ou non la cause de la presse libre, s'il est bon ou mauvais pour la démocratie, s'il faut ou non le censurer. Une chose est certaine : tous les journalistes savent que son rôle dans la diffusion, notamment, de dizaines de milliers de rapports secrets sur les exactions commises par des militaires en Afghanistan et en Irak, et des quelque 250 000 dépêches adressées par les ambassades des États-Unis au Département d'État, constitue « un moment majeur dans l'histoire du journalisme[2] ». Il y aura désormais un avant et un après cet instant-là.

Fondé en 2006 par un groupe d'internautes anonymes, dont la figure visible est Julian Assange, *WikiLeaks* s'est fixé pour mission d'accueillir et de diffuser des fuites d'informations *(leaks)* et de garantir la protection des sources.

Il n'est pas inintéressant de savoir quelles sont les trois raisons qui, selon Julian Assange, ont motivé sa création : « La première, c'est la mort de la société civile à l'échelle mondiale. À très grande vitesse, des flux financiers déplacent des fonds au moyen de virements électroniques plus rapides que n'importe quelle sanction politique ou morale. Ils détruisent ainsi la société civile dans l'ensemble de la planète. Un groupe important de gens sait faire cela et en profite pour accumuler richesses et pouvoir. La deuxième, c'est l'existence d'un gigantesque État sécuritaire occulte qui ne cesse de se développer. Basé aux États-Unis, il s'étend de plus en plus à toute la planète. [...] La troisième, c'est le désastre des médias internationaux. [...] Ils sont si mauvais et nous manipulent tellement que nous nous porterions mieux si aucun média n'existait. Aucun[3]. »

Assange porte, en effet, un regard radicalement critique sur le journalisme. Dans un entretien, il va jusqu'à affirmer : « Le journalisme est dans un tel état d'impuissance que me qualifier de journaliste serait m'injurier. Le plus grand forfait commis par les journalistes, c'est la manière dont ils racontent les guerres [d'Irak et d'Afghanistan]. Des guerres dont ils sont en partie responsables par leur manque de questionnement, leur absence d'intégrité et leur misérable léchage de bottes de tous les porte-parole gouvernementaux[4]. »

La philosophie de *WikiLeaks* repose sur un principe central : les secrets sont faits pour être dévoilés. Toute information cachée a donc vocation à être mise au jour et à la portée des citoyens. Les démocraties ne doivent rien occulter. Les dirigeants politiques non plus. Si les actions publiques de ces derniers ne sont pas en contradiction avec leurs agissements privés ou secrets, les démocraties n'ont nullement à craindre la diffusion d'informations « fuitées ». Car dans ce cas – et dans ce cas seulement – cela signifie qu'elles sont moralement exemplaires. Et que le modèle politique qu'elles incarnent – considéré comme « le moins imparfait de tous » – peut alors effectivement s'étendre, sans obstacle éthique majeur, à l'ensemble de la planète.

Pourquoi alors les journalistes devraient-ils se taire, en démocratie, quand un responsable politique affirme une chose en public et son contraire en cercle restreint ?

Le site propose à chaque internaute de divulguer, *via* sa plateforme, des enregistrements sonores, des vidéos ou des textes confidentiels dont il refuse de savoir comment ils ont été obtenus, mais dont il se charge de vérifier l'authenticité. Deux dizaines de volontaires y travaillent à temps complet ainsi que quelque 800 collaborateurs (journalistes, juristes, informaticiens) bénévoles. *WikiLeaks* vit des dons des internautes ou de fondations. Il n'accepte ni aides publiques ni publicité.

De nombreuses instances ont reconnu l'utilité publique de son travail. En 2008, il a reçu l'Index on Censorship Award décerné par l'hebdomadaire britannique *The Economist*. Et en 2009, Amnesty International lui a attribué le prix du meilleur « nouveau média » pour avoir diffusé, en novembre 2008, un document censuré sur une affaire de détournement de fonds effectué par l'entourage de l'ancien président du Kenya, Daniel Arap Moi.

Depuis sa création, *WikiLeaks* est un festin permanent de secrets, une fabrique de scoops[5]. Il en a davantage diffusé en trois ans que tel ou tel prestigieux média en trente ans... Parmi les révélations les plus fracassantes entre 2006 et 2009, on peut citer : la diffusion de documents dénonçant les techniques utilisées par la banque privée helvétique Julius Baer pour favoriser l'évasion fiscale; le manuel de procédure pénale de l'armée américaine dans le bagne de Guantánamo; la liste des noms, des adresses, des numéros de téléphone et des professions des membres du Parti national britannique (BNP, extrême droite) incluant des policiers; la liste détaillée des messages électroniques échangés avec l'extérieur par les victimes des attentats du World Trade Center, le 11 septembre 2001 ; les documents prouvant le caractère frauduleux de la faillite de la banque islandaise The New Kaupthing; les protocoles secrets de l'Église de Scientologie; l'historique des courriels personnels envoyés pendant la campagne électorale par Sarah Palin, candidate républicaine à la vice-présidence des États-Unis aux côtés de John McCain, à partir de son ordinateur professionnel (ce que la loi américaine interdit) ; les dossiers du procès de Marc Dutroux, avec la liste des numéros de téléphone, des comptes bancaires et des adresses de toutes les personnes ayant fait l'objet d'enquêtes dans cette affaire de pédophilie.

L'AFFAIRE DU *PROBO KOALA*

Chacune de ces révélations a déclenché de formidables controverses, mais aucune n'a atteint un véritable écho médiatique en dehors des cercles concernés. C'est peut-être avec le « cas Trafigura » que l'action de *WikiLeaks* trouve, pour la première fois, une audience internationale.

Basée à Londres, la multinationale Trafigura est une des plus importantes entreprises mondiales spécialisées dans le transport de pétrole et de matières premières. Déjà mêlée au scandale « pétrole contre nourriture » en Irak, elle était accusée d'avoir affrété, en 2006, le « cargo de la honte » *Probo Koala* pour transporter des déchets chimiques dangereux en Côte-d'Ivoire où ils devaient y être traités. Cependant, pour des raisons d'économie, ces résidus toxiques furent tout simplement déversés dans diverses décharges d'Abidjan… Il en résulta une dizaine de morts, des milliers d'intoxiqués et un énorme scandale international.

Dans le but de préparer sa stratégie de défense, Trafigura commande alors un rapport interne *(The Minton Report)* pour déterminer la toxicité réelle des déchets. Il se révèle accablant. La multinationale décide de le garder secret. Mais *WikiLeaks* parvient à se le procurer et, en septembre 2009, le diffuse. Le document démontre, preuves scientifiques à l'appui, que les résidus chimiques ont intoxiqué 108 000 personnes…

Soucieuse de colmater la fuite, Trafigura a immédiatement recours au très « pugnace » cabinet britannique

Carter-Ruck, spécialisé dans ce genre d'opérations d'intimidation et de muselage. Ses avocats réussissent à obtenir d'un juge complaisant une procédure de référé qui interdit au quotidien *The Guardian* de diffuser le *Minton Report*, mis à sa disposition par *WikiLeaks*. Trafigura semble s'en tirer, et crie déjà victoire.

Merci Twitter !

Dès le 12 octobre 2009, *via* son site en ligne (www.guardian.co.uk) qui reçoit quelque 30 millions de visiteurs uniques par mois, le *Guardian* informe ses lecteurs que, pour la première fois depuis sa fondation en 1821, la justice l'empêche d'écrire sur une affaire sous prétexte qu'elle est en débat au Parlement. Le message ne passe pas inaperçu. Aussitôt, un militant des droits de l'homme se mobilise. Il lance illico une alerte *hashtag* [6] sur Twitter. Et, sur-le-champ, se lève « une armée de journalistes, bloggeurs, twitternautes, membres de réseaux sociaux, qui se mettent tous à chercher ce que le cabinet Carter-Ruck (second *hashtag : #carterruck*) voulait étouffer[7] ».

À peine quarante-deux minutes après que le *Guardian* a lancé son cri d'alarme, Internet parvenait à dévoiler au monde ce que le quotidien avait ordre de taire[8]. « Et la twittersphère devait continuer à s'enflammer, au point que *trafigura*, *carterruck* et *guardian* allaient devenir, le temps d'une soirée, les mots les plus twittés en Europe. Le lendemain, à 12 h 19, Carter-Ruck pliait, et envoyait un e-mail au *Guardian*, lui disant qu'il pouvait publier[9]... »

Reconnaissant la puissance, la rapidité et l'efficacité de la Toile en général et des nouveaux réseaux de communication en particulier, Alan Rusbridger, le directeur du quotidien, envoyait alors à la communauté des internautes, *via* le *microblogging*, ce message de gratitude : « Merci Twitter et tous les twitternautes pour votre fantastique soutien ces seize dernières heures ! Grande victoire pour la liberté d'expression. » Quelques jours plus tard, tirant les leçons de cet événement, Rusbridger admettait : « Nos lecteurs sont désormais partie prenante de ce que nous faisons. [...] Nous avons pu réaliser des choses qui auraient été impossibles sans eux[10]. » En fait, elles auraient été impossibles sans... *WikiLeaks*.

MEURTRE COLLATÉRAL

L'année 2010 aura été celle de la consécration du site de Julian Assange. Il faut dire qu'il a frappé très fort. Et ce, dès le mois d'avril lorsqu'il a diffusé une vidéo intitulée *Collateral Murder* (« Meurtre collatéral »).

Elle démarre par cette phrase de George Orwell en exergue : « Le langage politique est conçu pour rendre le mensonge crédible et le meurtre respectable, et pour donner à ce qui n'est que du vent une apparence de consistance[11]. » Les images sont prises de l'intérieur d'un hélicoptère Apache qui survole un quartier de Bagdad. La scène se passe en plein jour, le 12 juillet 2007. On y voit, en plongée, plusieurs personnes qui marchent dans la rue. L'une d'elles – un reporter de Reuters, Namir Noor-Eldeen, accompagné de son collaborateur Saeed

Chmagh – porte une caméra. Les militaires croient qu'il s'agit d'une arme, un lance-roquette RPG. Sans sommation, ils tirent sur les suspects plusieurs rafales de mitrailleuse lourde. Les ordres fusent : *« Keep shooting! Keep shooting! »* (Continue de tirer!). Douze personnes sont tuées, dont les deux reporters et un enfant de 9 ans. On entend les dingues de la gâchette se marrer, insulter les victimes : *« Bastards! »* Puis ils s'en vont…

En moins de quarante-huit heures, la vidéo fait le tour du monde et donne lieu à plus de trois mille articles dans les médias internationaux. Quatre millions de personnes la voient sur YouTube[12] dans les trois jours qui suivent sa diffusion. Le Pentagone est contraint d'ouvrir une enquête. Mais l'armée maintient sa version : « Neuf *"insurgés"* ont été tués à cette occasion. » Et la mort des journalistes? « Des dommages collatéraux… »

ASSANGE DIABOLISÉ

WikiLeaks allait encore stupéfier le monde avec trois autres « fuites massives » en 2010 : 76000 documents classés de l'armée américaine sur les crimes de guerre en Afghanistan[13]; 400000 rapports d'incidents et d'exactions (ou SIGACT, *Significant Action in the War*) rédigés par des militaires américains en Irak de 2004 à 2009, ce qui constitue la « fuite la plus importante de documents militaires confidentiels de l'histoire »; et surtout quelque 250000 dépêches diplomatiques échangées entre des dizaines d'ambassades américaines et le Département d'État à Washington.

Les polémiques atteignent, à cette occasion, un degré de virulence hallucinant. Normal. « Si c'est du bon journalisme, affirme Julian Assange, c'est controversé par nature. » « Robin des Bois » de l'information en ligne, le fondateur de *WikiLeaks* est un personnage digne d'un roman de Stieg Larsson (l'auteur de *Millenium*). Il est quasi divinisé par les uns, diabolisé par les autres. Washington en a fait, presque au même titre qu'Oussama Ben Laden, son deuxième « ennemi public n° 1 » et le traque partout dans le monde avec ses redoutables moyens de première puissance mondiale[14].

Comme l'avaient fait naguère, par exemple, les autorités britanniques, en 1983, à l'encontre de Sarah Tisdall, une fonctionnaire du Foreign Office, condamnée à six mois de prison pour avoir fourni au *Guardian* des rapports révélant comment le gouvernement de Margaret Thatcher prévoyait l'installation secrète en Grande-Bretagne de missiles de croisière américains. Ou les autorités israéliennes, contre l'expert nucléaire Mordechaï Vanunu, condamné à dix-huit ans de prison pour avoir « fuité », en 1986, vers le *Sunday Times* de Londres, des documents démontrant qu'Israël détenait l'arme atomique.

AU SERVICE DE L'INTÉRÊT PUBLIC

Partout, les querelles autour de *WikiLeaks* ont été extrêmement violentes. Elles ont redoublé, en janvier 2011, après l'annonce faite par Julian Assange à Londres que *WikiLeaks* s'apprêtait à diffuser des données bancaires portant sur quelque 2000 comptes secrets ouverts aux îles Caïmans (un paradis fiscal situé dans les Caraïbes) par des dirigeants politiques de plusieurs pays (États-Unis, Royaume-Uni, Allemagne, Autriche, etc.) et des personnalités du monde des affaires et de la culture ayant fait fortune des deux côtés de l'Atlantique. Ces informations confidentielles ont été fournies à *WikiLeaks* par Rudolf M. Elmer, un ancien responsable de la banque suisse Julius Baer, spécialisée dans les opérations d'évasion fiscale. Désireux de dénoncer un système permettant aux riches de ne pas payer d'impôts, Rudolf Elmer avait d'abord offert ces informations au ministre allemand des Finances Peer Steinbrück, lequel s'était empressé de les enterrer. Avec *WikiLeaks*, le retentissement est garanti.

Certains critiques sont allés jusqu'à comparer les façons d'agir de *WikiLeaks* à celles d'un receleur[15]. Toutefois, les médias les plus sérieux ont soutenu que ses révélations constituaient des contributions fondamentales à une meilleure connaissance de dossiers décisifs et servaient par conséquent l'intérêt public. « Le droit du public à être informé est si fondamental en démocratie qu'il peut prendre le pas sur d'autres droits s'il est avéré que les informations rendues publiques sont d'intérêt général, et tel est bien le cas des révélations de *WikiLeaks*, comme en témoignent abondamment leur reprise par les médias du monde entier ainsi que l'absence de poursuites judiciaires sur le fond », affirme, par exemple, le site *Mediapart*[16].

WikiLeaks rappelle que, pour lutter contre la corruption, le népotisme et les abus des gouvernants, « la transparence est le meilleur des désinfectants[17] ». Il révèle ce que des dirigeants politiques font – notamment dans le domaine de la politique étrangère – au nom des citoyens : leurs contradictions, leurs simulations, leurs fourberies. Il étale le « linge sale » des États sur la place publique et refuse qu'il « se lave en famille ». Il met à nu le décalage entre les propos publics des politiciens et leurs agissements à l'ombre du secret. Il montre comment un vrai cynisme d'État est pratiqué, prétendument au nom de l'intérêt collectif.

Tout cela est sans doute vieux comme le monde, mais aujourd'hui la numérisation massive des données et des archives offre aisément la possibilité à tout agent manipulant ces fichiers, et scandalisé par le décalage moral entre ce qu'il y apprend et la fausse version qu'en donnent les responsables politiques, de dénoncer ceux-ci en révélant, d'un clic, les preuves qu'il détient. Selon Felix Stalder, professeur à l'Institut des nouvelles technologies culturelles de Vienne, « avec Internet une infrastructure sophistiquée de communication est désormais à la portée de toute personne à qui cette dissonance fondamentale donne l'énergie et la motivation nécessaires pour “faire exploser le système”[18] ».

En France, nombre de journalistes officiels, bien au chaud dans la proximité du pouvoir, se sont pourtant acharnés à disqualifier *WikiLeaks* ou à en minimiser l'apport. Probablement parce que cette organisation a mis soudain à nu, par contraste, leur paresse, leur inertie et leurs connivences. Dans l'ensemble, ces « journalistes de sérail » ont beaucoup plus parlé de *WikiLeaks* en tant que tel que de ses révélations explosives. Cette forme malhabile de censure vient confirmer par ailleurs, une fois encore, le fameux principe de Marshall McLuhan : « Le médium est le message. »

Ces « journalistes de révérence[19] » ont prétendu essentiellement trois choses :

1. que *WikiLeaks* n'apportait, en définitive, rien de neuf[20], à peine « quelques révélations de troisième zone[21] » ;

2. qu'il portait atteinte à la vie privée ;

3. que la transparence c'était bien gentil, mais que « le principe d'opacité étant indispensable à la démocratie[22] », il fallait s'en tenir à la Realpolitik[23] car, « dans les relations internationales, le secret et l'hypocrisie sont indispensables[24] ».

Pour qui s'est donné la peine de lire quelques-uns des câbles, la première accusation relève de la mauvaise foi la plus absolue. Concernant le deuxième point, rappelons, comme l'affirme Jeff Jarvis, que « la protection de la vie privée est une sorte de parapluie qu'on utilise souvent pour cacher nos peurs devant les nouvelles technologies[25] ».

Ces peurs en évoquent d'autres, celles notamment qu'éprouvèrent les Américains lors de l'invention et la prolifération des caméras Kodak. Entre 1890 et 1910, ceux qu'on appelait alors les *kodakers*, photographes amateurs, étaient expulsés des parcs publics, accusés de vouloir capter l'image des gens pour s'en servir. « Les tribunaux durent trancher la question de savoir si le photographe, amateur ou professionnel, avait besoin d'une autorisation pour prendre et développer à sa guise n'importe quelle photo. Ils répondirent que non[26]. »

Pour la première fois la question de la protection de la vie privée menacée par les nouveaux médias se posait[27].

Par ailleurs, s'il est légitime, voire nécessaire, de se préoccuper de la protection de la vie privée des citoyens, il ne faut tout de même pas oublier que ce n'est pas *WikiLeaks* qui la menace, mais bien les États devenus de plus en plus sécuritaires. Dotés d'un formidable arsenal de surveillance électronique, ceux-ci se permettent désormais de fouiller jusqu'aux derniers recoins de la vie privée des gens. Ce sont eux qui exigent des citoyens une transparence absolue. Que *WikiLeaks* rende aux puissants (une partie de) la monnaie de leur pièce, n'est-ce pas un juste retour des choses ?

Quant à la troisième accusation, son cynisme machiavélien est tellement excessif qu'elle en devient insignifiante.

D'autres critiques ont prétendu qu'en déversant sur Internet, sans les trier, des milliers de dossiers secrets sur les horreurs des guerres d'Irak et d'Afghanistan et sur les confidences livrées par des informateurs à des ambassadeurs américains, *WikiLeaks* faisait preuve non seulement d'un comportement « irresponsable », mais mettait en péril la vie de milliers de personnes. « Il a les mains tachées de sang[28] ! » a déclaré, par exemple, Robert Graves, secrétaire américain à la Défense.

Ce à quoi Julian Assange a clairement répondu : « Au cours des quatre années d'existence de *WikiLeaks*, le Pentagone lui-même n'a jamais pu démontrer que la vie d'une seule personne ait été mise en danger à cause de nous[29]. »

D'ABORD, NE PAS NUIRE

Ce souci de ne pas nuire à des individus cités dans les documents a conduit dernièrement le site à ne pas diffuser directement sur le Web les dossiers reçus, mais à les transmettre, avec plusieurs mois d'avance, à un second filtre : cinq importants médias de la presse écrite, *The Guardian*[30], *The New York Times*, *Der Spiegel*, *Le Monde* et *El País*. Concernant les documents sur la guerre d'Afghanistan et les 250 000 dépêches d'ambassades, par exemple, ces médias se sont d'abord consultés pour décider en commun s'ils les publiaient ou non : « La décision n'a été prise qu'après une intense discussion, a déclaré Bill Keller, directeur du *New York Times*. Nous avons bien étudié au préalable le matériel pour tenter d'en établir l'importance et la crédibilité. Il y a des cas, comme celui-ci, où l'information est d'un intérêt public évident[31]. »

Ils ont alors constitué une cellule multinationale de 120 journalistes spécialisés qui, plusieurs semaines durant, a classé, analysé, vérifié, contextualisé et hiérarchisé les messages bruts des rapports d'ambassades. Et cela, sur la base de critères journalistiques (les responsables de *WikiLeaks* ne se considèrent pas journalistes même s'ils réclament la protection de leurs sources). C'est ainsi qu'ont été notamment supprimés tous les noms de personnes dont la sécurité aurait été menacée par la publication des documents.

Ceux qui ont poussé des cris d'orfraie, au prétexte que les documents révélés par *WikiLeaks* proviennent de « vols d'archives », ne devraient pas oublier ceci : les fondements de la presse libre reposent en grande partie sur des « fuites ». S'il est vrai que, en matière judiciaire, toute enquête constituée au moyen d'actes illégaux ne peut être soumise à la justice, il n'en va pas de même pour les médias devant le tribunal de l'opinion publique. Si celle-ci a pu connaître, par exemple, le vrai degré d'implication du gouvernement des États-Unis dans la guerre du Vietnam, c'est grâce aux 7 000 pages de documents ultrasecrets, les *Papiers du Pentagone*, que Daniel Ellsberg, un chercheur de la Rand Corporation, transmit clandestinement au *New York Times* en 1971. À cette occasion déjà, le président Richard Nixon tempêtait : « Les gens devraient être envoyés au bûcher pour ce genre de choses... »

On se souvient aussi que le succès de l'enquête du *Washington Post* sur la fameuse affaire du Watergate (qui provoqua la démission du président Richard Nixon), considérée comme l'un des plus glorieux faits d'armes du journalisme d'investigation, n'a été possible que parce que le numéro deux du FBI, Mark Felt, connu sous le pseudonyme « Deep Throat » (Gorge profonde), déroba et fournit des informations secrètes aux journalistes Carl Bernstein et Bob Woodward.

Plus près de nous, en France – et pour ne pas citer *Le Canard Enchaîné*, spécialiste de la diffusion permanente d'importantes révélations à bases de « fuites » –, l'affaire Woerth-Bettencourt connut, en 2010, un rebondissement spectaculaire lorsque diverses publications, dont le site *Mediapart* et l'hebdomadaire *Le Point*, publièrent l'intégralité des enregistrements clandestins de « conversations volées » impliquant le ministre Éric Woerth.

Nul n'a oublié qu'à cette occasion aussi, pour tenter de masquer l'essentiel, certains avaient mis l'accent sur le caractère illégal de l'obtention des preuves. Ce qu'avait dénoncé, entre autres, la juge Eva Joly : « Personne ne parlait de la question des enquêtes. On ne parlait que des problèmes que posaient ces écoutes clandestines, et non de ce qu'elles révélaient[32]. »

DES DÉMOCRATIES QUI MENTENT

La véritable infamie, donc, n'est pas que *WikiLeaks* diffuse des « documents volés », comme l'affirment ceux qui veulent tuer le messager pour mieux censurer le message[33]. Ce qui est important, c'est que *WikiLeaks* fait connaître au monde des informations qui concernent les citoyens et que les pouvoirs ne veulent pas diffuser. D'où le puissant mouvement de sympathie sociale à son égard que le directeur d'*El País*, Javier Moreno, analyse ainsi : « L'intérêt soulevé par les documents de *WikiLeaks* s'explique principalement pour une raison très simple : ils révèlent de manière exhaustive, comme cela n'avait jamais été fait, jusqu'à quel point les classes politiques des démocraties occidentales avancées ont constamment trompé leurs citoyens[34]. »

C'est pourquoi des milliers d'internautes du monde entier, regroupés au sein du collectif Anonymous, ont lancé une puissante cyber-riposte – l'opération *Payback* – et perturbé sérieusement le fonctionnement de sociétés comme Amazon, Visa, PayPal ou MasterCard qui avaient adopté des mesures contre *WikiLeaks* et Julian Assange. Le plus souvent, les membres du collectif mènent des attaques par déni de service distribué (DDoS) : *via* un logiciel gratuit – LOIC *(Low Orbit Ion Cannon)* – ne nécessitant pas de compétences informatiques poussées, leurs ordinateurs se connectent au même instant sur le site Internet cible, pour le saturer de requêtes.

Attaché à la défense des libertés sur Internet, Anonymous constitue une nouvelle forme de citoyenneté internationale. À l'occasion de la floraison de révoltes populaires dans le monde arabe, au début de l'année 2011, ce collectif a participé à plusieurs batailles politiques. En Tunisie, il s'est attaqué au site officiel du dictateur Ben Ali. Puis il a multiplié les messages de menace à l'adresse d'autres régimes autoritaires. En Égypte, où les autorités avaient, pour la première fois, « débranché » du Web les vingt-trois millions d'internautes locaux et coupé les réseaux de téléphonie, bloquant ainsi l'accès à Twitter et Facebook, Anonymous a coordonné des attaques informatiques massives contre divers sites gouvernementaux, notamment les ministères de l'Intérieur et de la Communication[35].

Selon Richard Stallman, un des principaux promoteurs des logiciels libres[36], ces cyber-manifestations constituent un indispensable sursaut citoyen pour la défense de nos droits sur Internet : « Les actions des

Anonymous sont une forme de *manifestation numérique* semblable à celles du monde réel où des foules descendent dans les rues pour manifester leur opposition à certaines mesures. Le mode opératoire des Anonymous pour bloquer des sites n'a mis en cause ni l'intégrité de ces sites ni leur sécurité; il ne s'est traduit par aucun vol de données[37]. » Cette riposte ressemble, selon lui, aux méthodes utilisées par les étudiants anglais qui ont protesté, en décembre 2010, à Londres devant les magasins Topshop : ils n'ont rien cassé, rien emporté, mais ils ont causé un tort considérable au propriétaire Philip Green (un milliardaire accusé d'évasion fiscale et dont l'épouse est fiscalement domiciliée à Monaco), chargé par le Premier ministre David Cameron de réfléchir aux moyens de *réduire les dépenses publiques*[38].

Après les révélations de *WikiLeaks*, le vrai scandale, c'est qu'il ne se passe rien. Que cela n'ait pratiquement aucune conséquence. Et que les responsables politiques dénoncés, preuves à l'appui, pour avoir trompé leur peuple continuent de gouverner comme si de rien n'était. C'est cette impunité qui choque et indigne les citoyens.

L'EXCEPTION TUNISIENNE

La seule exception à cette règle semble être le cas de la révolution tunisienne de décembre 2010-janvier 2011. La diffusion par *WikiLeaks* des dépêches explosives rédigées par l'ambassadeur américain Robert

F. Codec, décrivant en détail l'hallucinant degré de corruption dans la Tunisie de Ben Ali, la cacochymie du dictateur et l'insatiable rapacité de son épouse Leila et de sa famille, le « clan Trabelsi », a eu un effet catalyseur sur la population tunisienne, excédée par vingt-trois ans de dictature kleptocrate. Ce fut, comme dit le proverbe chinois, « le coup de massue qui rend lucide ».

Bien sûr, les Tunisiens ne méconnaissaient pas, et pour cause, la nature policière du régime. Et le mécontentement populaire était déjà à vif, en raison notamment de la flambée des prix des denrées alimentaires. Mais quand les câbles décrivant les exactions et autres abus précis sont rendus publics le 7 décembre, les esprits s'enflamment. Les autorités tunisiennes interdisent immédiatement l'accès au site de *WikiLeaks* et censurent tout média local qui s'en fait l'écho. Pourtant, très vite, des sites en ligne, tel *TuniLeaks* (https://tunileaks.appspot.com), s'en emparent[39], les traduisent en arabe et en français, et leur donnent une très vaste diffusion. Les réseaux sociaux, le courrier électronique, la blogosphère et le « téléphone arabe » prennent le relais, alimentant l'irritation populaire.

De sorte que le geste héroïque du jeune vendeur ambulant et chômeur diplômé Mohammed Bouazizi, qui s'immole par le feu le 17 décembre devant la préfecture de Sidi Bouzid, est l'étincelle qui met le feu aux poudres. Aussitôt, les protestations commencent. Elles s'étendent rapidement à tout le reste du pays. Twitter, Facebook, les blogs contournent la censure, diffusant consignes et mots d'ordre. La chaîne arabe Al Jazeera cite les principales pages de Facebook et YouTube, les popularise et en amplifie l'écho. Les affrontements avec la police se succèdent ; des dizaines de protestataires sont massacrés. Mais les manifestants poursuivent leur offensive populaire. Le 14 janvier 2011, le dictateur Zine El Abidine Ben Ali – complaisamment protégé pendant des décennies par les démocraties de l'Union européenne sous le prétexte qu'il aurait « constitué un rempart contre l'islamisme[40] » – est renversé. Pour la revue américaine *Foreign Policy*, c'est le triomphe de « la première révolution *WikiLeaks*[41] ».

PROTÉGER LES SOURCES

Quoi qu'il en soit, l'irruption de *WikiLeaks* dans le débat sur l'avenir du journalisme a eu l'effet d'une bombe. Le documentariste John Pilger, célèbre journaliste d'investigation, ancien reporter de guerre au Vietnam et au Cambodge, estime que ce site « représente une nouvelle forme de journalisme d'investigation qui n'a peur de rien[42] ». D'autres organisations, avec des caractéristiques différentes, dans d'autres pays du monde, prendront inévitablement la relève de celle de Julian Assange. « Quoi qu'il arrive à Assange et à *WikiLeaks*, affirme Felix Stalder, ce modèle existe désormais. Il se reproduira, ailleurs et autrement[43]. » Ce qui s'est d'ailleurs confirmé dès le 23 janvier 2011 avec la révélation, par la chaîne de télévision Al Jazeera et le quotidien britannique *The Guardian*, de quelque 1 600 documents confidentiels – les *« Palestine Papers »* –

portant sur des aspects secrets des négociations israélo-palestiniennes.

Al Jazeera a ainsi lancé, fin janvier 2011, son propre site dédié aux fuites : *Al Jazeera Transparency Unit* (http://transparency.aljazeera.net). Et Bill Keller a récemment admis que le *New York Times* envisageait également de créer sa propre « boîte à fuites » *(anonymous electronic drop box).*

Alors que certains États tentent d'étouffer ce nouveau journalisme[44] sous les menaces et les procès, d'autres, plus démocratiques, commencent à adopter des lois pour en garantir le droit, protéger les sources et éviter le filtrage d'Internet. C'est notamment le cas de l'Islande[45] où le Parlement a adopté, le 16 juin 2010, une loi – *Icelandic Modern Media Initiative* (IMMI) – qui offre aux journalistes et aux éditeurs une des protections les plus importantes du monde en matière de liberté d'expression, de journalisme d'investigation et de médias en ligne.

Il est clair que l'accès généralisé à Internet va devenir une exigence démocratique fondamentale au même titre que l'accès à l'éducation, au savoir ou à l'électricité. Le comblement du fossé numérique, qui demeure abyssal – les deux tiers de l'humanité, soit plus de quatre milliards d'habitants, n'ont jamais utilisé Internet –, devient une revendication universelle. Et les lois pour y protéger la liberté d'expression seront de plus en plus indispensables.

L'AFFAIRE SHERROD

Si le développement d'Internet a eu, en matière d'information, des aspects positifs – comme l'essor du journalisme en ligne et l'épanouissement de *WikiLeaks* –, il a également des aspects négatifs. En particulier, l'appel au « lecteur journaliste » ou au « témoin d'un événement[46] », incitant celui-ci à mettre en ligne, sur le site Web du journal, son blog, ses photos ou ses vidéos[47], augmente le risque de diffuser de fausses nouvelles…

De surcroît, l'accélération des médias numériques fait automatiquement exploser le nombre de dérapages médiatiques. L'affaire Sherrod a été particulièrement significative à cet égard. Elle démarre en juillet 2010, lorsqu'un site Web américain proche du mouvement ultraconservateur Tea Party, *Breitbart.com*, diffuse un court extrait – tronqué et remonté – du discours d'une fonctionnaire afro-américaine du Département de l'Agriculture, Shirley Sherrod. Ce « document » laisse croire qu'un exploitant agricole blanc avait été discriminé en raison de la couleur de sa peau. Une « preuve », en quelque sorte, du racisme à l'envers que pratiquerait l'Administration Obama. Instantanément repris et multiplié par le buzz du Net et par les plus grands médias, en particulier *Fox News*, l'« information » va très vite provoquer un énorme scandale. Au point que, moins de vingt-quatre heures après, le ministère de l'Agriculture signifie à Shirley Sherrod son licenciement immédiat.

Mais, très rapidement, la fonctionnaire réussit à démontrer son innocence : elle diffuse tout simplement l'intégralité de son discours original, que nul média ne s'était donné la peine de consulter… De son côté, l'agriculteur blanc, prétendument discriminé – qu'aucun journaliste n'avait interrogé –, se mobilise pour expliquer partout comment, en réalité, Shirley Sherrod l'avait sauvé. Mais la réputation de la fonctionnaire est ruinée. Le président Barack Obama en personne a dû l'appeler au téléphone pour s'excuser. « C'est arrivé parce que nous vivons dans une telle culture des médias que si quelque chose est diffusé par YouTube ou par un blog, tout le monde le reprend et cela devient une énorme affaire[48]. »

DES TORTS DÉVASTATEURS

En France, les désastres médiatiques et le bidonnage ne sont pas moindres, comme l'ont montré des dizaines de cas. Si certains sont véniels[49], d'autres se révèlent parfois tragiques. Par exemple, l'affaire des « pédophiles » d'Outreau, ou celle de Marie L. qui prétendait avoir subi une agression à caractère antisémite dans le RER D, ou celle de Patrice Alègre-Dominique Baudis, ou celle du bagagiste de Roissy[50]… Ces cas ont souvent été la conséquence d'une conception du journalisme d'investigation exclusivement à charge, pratiqué par une meute de « justiciers investigateurs » grisés par la terreur qu'ils inspiraient et conscients de leur totale impunité. Les dégâts ne pouvaient être que considérables. Ce qui fait dire à Philippe Cohen et Élisabeth Lévy : « On se gardera de considérer les hommes et femmes politiques comme d'innocentes victimes de l'acharnement journalistique. On peut cependant s'interroger sur un processus qui a investi les journalistes du droit de demander des comptes à tous sans jamais être contraints d'en rendre à personne[51]. »

Correspondant permanent de France 2 à Jérusalem, Charles Enderlin a raconté en détail, dans son livre *Un enfant est mort*[52], l'histoire d'une incroyable machination médiatico-idéologique devenue un véritable cas d'école de désinformation[53]. Il fait également le récit minutieux des persécutions dont lui et les siens ont fait l'objet. L'affaire commence le 30 septembre 2000 quand le petit Mohammed Al-Dura, un enfant palestinien, meurt sous les balles dans les bras de son père face à la position israélienne de Netzarim, à Gaza. Il est filmé par le caméraman de France 2, Talal Abou-Rameh. Diffusée le soir même sur la chaîne publique, avec un commentaire de Charles Enderlin, l'image fait aussitôt le tour du monde et témoigne de l'insensibilité de certains militaires israéliens.

Mais immédiatement, comme le raconte Enderlin, des officines spécialisées dans la désinformation et des experts en théorie du complot, liés aux milieux néoconservateurs américains et israéliens, vont s'acharner à détruire le sens de ces images. Directeur de l'hebdomadaire *Politis*, Denis Sieffert résume ainsi la machination : « À l'origine, une officine de désinformation bien connue, destinée à un public français : la Metula News Agency (Mena). Le scénario est l'œuvre d'activistes français qui s'adjoignent les services de pseudo-experts israéliens, dont l'homme qui avait déjà prétendu démontrer qu'Itzhak Rabin avait été victime d'un complot fomenté par Shimon Peres... Et ce scénario est hallucinant : tout ne serait que mise en scène orchestrée par Talal Abou-Rameh, avec la complicité d'Enderlin. Le petit Mohammed aurait joué sa propre mort. Sur ses lèvres, affirment ces "experts" de pacotille, on pouvait lire les consignes qu'il donne lui-même au caméraman. Et les soubresauts de son corps après l'impact de la dernière balle prouvent qu'il n'est pas mort. Il coulerait aujourd'hui des jours heureux en Libye[54]... »

Malgré l'énormité de ce détournement de vérité, une formidable machine à désinformer, relayée par des personnalités influentes, réussit à accréditer l'idée que le document de France 2 n'est qu'une falsification, une mise en scène, et qu'il s'agit en somme d'un « complot médiatique » fomenté contre Israël. Cette version sera reprise telle quelle par d'importants médias : *The Wall Street Journal*, *Los Angeles Times*, une chaîne de télévision allemande... mais pas en Israël. Ce qui permet à Denis Sieffert de conclure ainsi : « L'une des leçons de cette affaire, c'est que cette camarilla de la droite pro-israélienne est finalement plus redoutable en France ou aux États-Unis qu'en Israël même. Jamais, ni les gouvernements Sharon, Livni ou Olmert, ni l'état-major de l'armée, ni le Shin Beth (la sécurité intérieure) n'ont repris à leur compte les thèses qui se sont propagées en France. Ni Talal Abou-Rameh ni Enderlin n'ont jamais été contestés professionnellement par les autorités israéliennes. »

Le phénomène est identique dans d'autres pays. En Espagne, après les attentats meurtriers du 11 mars 2004 à Madrid, les médias publics, contrôlés par le gouvernement de José María Aznar, se sont livrés à une manipulation médiatique à très grande échelle. Ils ont tenté d'imposer une « vérité officielle » au service d'ambitions électorales, en cherchant à occulter la responsabilité du réseau Al-Qaida (qui reprochait au chef du gouvernement espagnol sa participation, aux côtés de Bush et Blair, à l'invasion de l'Irak) et en attribuant le crime à l'organisation basque ETA.

En 2005 et 2006, deux reporters du quotidien *El Mundo* publiaient une dizaine d'enquêtes spectaculaires « révélant » que le peintre italien Gaetano Pisano « Tano » avait protégé en Espagne l'un des pires criminels nazis, Aribert Heim « Docteur la Mort ». Mais un tribunal a pu démontrer, en octobre 2010, que toutes ces « informations » étaient « fausses, inexactes, non vérifiées[55] ». Entre-temps, le peintre se retrouvait en traitement psychiatrique, sa carrière ruinée…

Toutes ces affaires, ainsi que l'alliance de plus en plus étroite avec les pouvoirs économique et politique, ont causé un tort dévastateur à la crédibilité des médias.

VI

Vers quel modèle de rentabilité ?

Les relations entre la presse écrite et le Web demeurent malheureuses : il s'établit une injustice quand on oblige le lecteur du support papier, qui achète le journal en kiosque ou par abonnement, à subventionner le lecteur sur écran qui en lit gratuitement l'édition numérique (plus riche et plus variée). Cela conduit Serge Halimi à poser cette question : « Est-il légitime que cette rémunération soit entièrement mise à la charge des acheteurs de journaux et des abonnés, pendant que la plupart des internautes joueraient un peu le rôle de "passagers clandestins"[1] ? »

Ce qui intéresse les gérants des médias, c'est la quantité de lecteurs qui lisent un journal ou qui échangent sur un réseau social, ou le nombre d'abonnés à une chaîne cryptée ou d'internautes qui visitent un site. Cette masse de communicants (payants ou pas) est devenue l'une des principales richesses des géants de la communication. C'est une révolution. Avant, les médias et les firmes des industries culturelles *vendaient de l'information ou de la distraction* à des citoyens. Maintenant, ils préfèrent *vendre des consommateurs* (lecteurs, auditeurs, téléspectateurs, webacteurs, blogueurs, twitteurs...) à des annonceurs. Plus le nombre des consommateurs du média est élevé, plus cher sera le tarif des publicités...

Ainsi l'information peut être offerte *gratuitement*. Les médias, sur Internet, l'offrent souvent comme produit d'appel : il y a, sur la Toile, des milliers de sites d'information en ligne en accès libre. C'est aussi pourquoi les journaux gratuits sur papier se sont multipliés dans les grandes villes du monde.

L'information en ligne est donc tributaire de l'économie du clic et du lien. C'est le nombre de clics effectués par les internautes sur les bannières publicitaires qui détermine la rentabilité d'une information (pas sa fiabilité, ni sa crédibilité). Quand *Slate* (www.slate.com), par exemple, un magazine en ligne qui appartient au Washington Post Group, commente un livre ou un DVD, des liens relient le texte au site de vente en ligne Amazon. Pour chaque vente effectuée, *Slate* perçoit 6 % du prix.

Certains médias en ligne n'hésitent pas à « piéger » les internautes. Par exemple, le site *www.forbes.com*, du magazine américain *Forbes*, a inauguré, il y a quelques années, un procédé publicitaire qui intègre directement des liens promotionnels dans le contenu même des articles. Les annonceurs achètent des mots clés, et, lorsque la souris de l'internaute passe dessus, une fenêtre *pop-up* contenant un message publicitaire surgit sans avoir été sollicitée *(fenêtre intruse)*. Les journalistes ignorent quels mots ont été achetés par les annonceurs, mais certains se demandent si on ne va pas bientôt leur demander d'écrire des articles en les contraignant à utiliser des termes précis dont les dirigeants espèrent qu'ils rapporteront gros à l'entreprise éditrice.

Comme support publicitaire, Internet continue de gagner des parts de marché face aux autres médias. Pour les deux tiers des grands annonceurs, le Web fait désormais partie des trois plus importants budgets de publicité. Toutefois, son poids ne dépasse pas 17 % du total des investissements publicitaires, tous médias confondus[2].

Pour l'instant, la publicité sur la Toile est beaucoup moins chère que dans la version papier[3]. Cela changera peut-être quand le nombre de lecteurs en ligne atteindra une masse critique. Les recettes issues d'Internet ne permettent pour l'heure à aucun grand journal de compenser les investissements réalisés sur le Web, et encore moins de combler les déficits qui s'accumulent par ailleurs. Pertes et bénéfices ne s'équilibrent pas.

Le phénomène de concentration de l'information sur Internet n'est pas moins important que dans la presse traditionnelle. Mais il est d'une nature différente. Peut-être que l'âge d'or du Web touche déjà à sa fin. À l'heure actuelle, si une information n'est pas diffusée sur Google, Yahoo ! ou YouTube, cela signifie, pour de nombreux internautes, qu'elle n'est pas importante, ou qu'elle n'existe pas. Même si elle est fondamentale… et occultée.

À propos de cette forme « invisible » de censure

qu'est l'occultation d'informations, l'organisation Project Censored (www.projectcensored.org), en collaboration avec neuf universités, établit chaque année la liste des vingt-cinq informations « les plus censurées » par les grands médias américains[4].

Peter Phillips, l'un des responsables de cette organisation, rappelle que les médias évitent d'avoir à mentir trop effrontément. Leur souci n'est pas de dire le vrai ou le faux, mais – comme le fait la publicité – de faire naître des émotions : « Les médias créent une sensation où l'on ne sait jamais avec précision ce qui est vrai et ce qui est faux. C'est un sentiment d'hyperréalité. » Il rappelle que, en matière de politique étrangère, de nombreux journalistes se contentent d'appeler le service des relations publiques du Département d'État. « Avant le 11 Septembre, précise-t-il, le budget de ce service s'élevait à 60 millions de dollars. Actuellement, il atteint 1,5 milliard[5]... »

Le mur payant

Un peu à l'aveuglette, beaucoup de journaux cherchent désespérément des formules innovantes pour affronter l'hyperchangement, cesser de perdre de l'argent et survivre. Au départ, la plupart des groupes médiatiques avaient choisi de ne pas faire payer leurs contenus en ligne. Ils misaient sur les revenus publicitaires du Web. Aujourd'hui, ils ont modifié leur attitude et mettent en place divers systèmes de péage. S'inspirant de ce que fait iTunes, quelques-uns demandent désormais des micro-paiements à leurs lecteurs pour leur permettre d'accéder en exclusivité aux informations *on line*[6].

Rupert Murdoch est également à la recherche d'un *business model* rentable et durable. Il entend en finir avec la gratuité sur Internet. Depuis juin 2010, les sites du quotidien *The Times* (www.times.co.uk) et de son édition dominicale *The Sunday Times* (www.sunday-times.co.uk), dont il est propriétaire, sont devenus « tout payant ». Une décision radicale qui a fait chuter massivement leur audience : de 22 millions de visiteurs à moins de 200 000…

Un effondrement que certains ne perçoivent pas forcément comme une catastrophe. Ainsi, George Brock, directeur de l'école de journalisme de la City University de Londres et ancien rédacteur en chef au *Times*, pense que, en faisant ce choix, « le *Times* pose les fondations d'une audience qualifiée, et se constitue une base de données. Beaucoup de gens considèrent que le futur de l'information en ligne reposera sur de plus faibles audiences, mais sur des lecteurs à propos desquels on possédera des informations très détaillées : qui ils sont, ce qu'ils consultent sur le site, leurs goûts, etc. C'est exactement ce dont les annonceurs ont besoin. Au contraire, la valeur économique d'un internaute qui vient sur un site pour lire un seul article et y reste moins d'une minute est proche de zéro[7] ».

Murdoch a également décidé de rendre payante toute consultation du *Wall Street Journal* (racheté en 2007), quelle que soit la technologie utilisée : smartphones du type BlackBerry ou iPhone, réseau Twitter, tablette iPad ou lecteur électronique Kindle.

Une enquête du Pew Research Center révèle que, pour l'instant, seuls 19 % des internautes sont prêts à franchir le « mur payant » pour accéder à l'information en ligne[8]. Malgré cela, la tendance générale, chez les patrons des médias, semble s'orienter vers des formules payantes. Ils sont persuadés que de plus en plus de gens paieront pour des contenus. Pas pour tous, pas pour les informations générales disponibles à foison, mais pour des informations uniques, rares, ou des analyses qui apportent une importante valeur ajoutée. « L'ère du gratuit touche à sa fin, nous allons vers le *freemium* [mélange de gratuit et de payant] », déclare, par exemple, Arthur Sulzberger, président du groupe New York Times[9].

En France, plusieurs quotidiens généralistes ont également choisi la formule dite *freemium* : une partie du site est en accès libre, l'autre à péage. *Le Monde.fr* a été l'un des premiers à avoir facturé des contenus, dès 2002 ; les articles en ligne du quotidien sont réservés à ses abonnés au support papier ou aux abonnés *premium* (« 100 % numérique »). En septembre 2009, *Libération* a rendu payants des articles en ligne de son journal papier. *Le Figaro.fr* a également introduit un système d'abonnement en février 2010. Ces médias comptent ainsi rentabiliser une audience de plusieurs millions de visiteurs uniques mensuels et éviter la « cannibalisation » des contenus de leurs versions papier.

Est-ce que cela marchera ? Ce n'est pas sûr. Le site

du quotidien *El País* (www.elpais.com/global) était passé au tout-payant en 2003, enregistrant quelque 45 000 abonnés aux contenus en ligne. Malgré ce relatif succès, il a dû revenir au tout-gratuit dès 2005 en raison de l'effondrement massif de son audience sur le Web.

La méthode, appelée *metered system*, que le *New York Times* met en place en 2011, consiste à faire payer seulement les lecteurs qui consultent plusieurs articles. Le premier clic est gratuit, pas les suivants. Cela permet au *New York Times* de maintenir son site au sein de l'écosystème du Web ouvert, et aux internautes provenant de moteurs de recherche ou de réseaux sociaux de continuer d'y avoir accès gratuitement. « Se passer de Google, dit le président du *New York Times*, c'est comme vouloir se priver de l'oxygène dont on a besoin pour vivre[10]. »

De son côté, Google a parfaitement compris qu'il avait besoin des médias traditionnels. Son président-directeur général Eric Schmidt admet avoir « désespérément besoin que les journaux, magazines et sociétés de presse réussissent, car il nous faut leur contenu[11] ». Google réfléchit d'ailleurs à une formule qui permettrait de rendre payante toute consultation de n'importe quel journal en ligne sur son moteur de recherche, et de reverser une fraction de ce montant à la société éditrice de la version papier. De telles solutions permettront-elles de sauver la presse écrite ?

L'IPAD, SAUVEUR SUPRÊME ?

Certains voient le salut dans les tablettes tactiles. Entre mars 2010, date de lancement de l'iPad par Apple, et fin janvier 2011, il s'est vendu dans le monde environ 15 millions de ces ardoises tactiles (dont quelque 400 000 en France, soit 85 % des ventes totales de tablettes). Devant un tel succès et face à l'érosion de leur lectorat, les médias sur support papier ont été saisis d'un irrépressible engouement pour ce nouveau support, perçu comme le sauveur de la presse. D'autant que, selon certaines enquêtes, 30 % des personnes interrogées envisagent de lire la presse sur une tablette ou sur un smartphone [12]. De nombreux journaux ont donc rapidement mis au point une version en ligne spéciale pour iPad, comme ils l'avaient fait pour l'iPhone.

D'autres vont plus loin et estiment que l'iPad offre des potentialités inédites. Ainsi, le milliardaire britannique Richard Branson, patron du conglomérat Virgin Group, a lancé, en novembre 2010, un mensuel « révolutionnaire » spécialement conçu pour tablette : *The Project*. Ce magazine payant propose « un mois entier de contenus actualisés », riches en photos et vidéos, avec des rubriques très « tendance » (design, voyages, mode, technologies, culture, science et entreprises).

De leur côté, le groupe News Corporation de Rupert Murdoch et la firme Apple ont présenté, le 2 février 2011, un nouveau quotidien numérique, payant et dédié à l'iPad : *The Daily*. Un journal « nouvelle génération » qui voudrait, lui aussi, « révolutionner la presse en ligne » en offrant une information truffée d'images, de sons et de vidéos, accessible seulement au moyen d'une application pour tablette téléchargeable sur l'App Store. L'abonnement est proposé à un « prix agressif » dans le but de fidéliser très vite un large lectorat.

Ces deux publications n'ont aucune existence physique sur papier. Elles ne sont pas non plus disponibles sur le Web. Véritables « tournants » dans l'univers de l'information ou simples gadgets qui feront long feu, nul ne sait encore quelle sera la viabilité de tels projets. Les caractéristiques des ardoises tactiles sont certes idéales pour repenser le journalisme en ligne en pariant sur une mise en page plus visuelle et plus interactive, mais cela sera-t-il suffisant pour que les gens acceptent de payer ? Ne s'agit-il pas plutôt de mirages de patrons de presse, espérant ainsi retrouver la maîtrise de l'offre et le paradis perdu de leur statut dominant ?

L'INFORMATION AUTOMATIQUE

Cette recherche de rentabilité conduit les médias à s'interroger plus que jamais sur le genre d'informations qu'aimerait lire le public. Ils partent d'un constat : moins de 15 % de ce que publient les journaux intéresse vraiment la majorité des gens. Il y aurait donc un problème d'offre ne correspondant pas, ou pas suffisamment, à la demande. Deux questions se posent alors : quel genre d'informations fournir ? Et quand le faire exactement ?

Interrogations aussi anciennes que les médias de masse, auxquelles, pour la première fois, Internet pourrait permettre de répondre à l'aide de quelques instruments nouveaux. Entre autres, Google Trends, un service qui offre la possibilité de « connaître la fréquence à laquelle un terme a été tapé dans le moteur de recherche Google, avec la possibilité de visualiser ces données par région et par langue[13] ». On peut ainsi savoir, en temps réel, quels thèmes d'actualité intéressent le plus, à un moment donné, les internautes.

Partant de ces renseignements, *Google Actualités (Google News)* a mis au point un service agrégateur d'informations en ligne gratuit qui présente, de façon automatisée, des articles prélevés en continu dans d'innombrables sources du Web et en particulier dans les autres médias. « Afin de proposer une information qui ne fait appel (directement en tout cas) à aucun journaliste, *Google Actualités* sélectionne des sources d'information dans les pays (ou les langues) où le service est proposé. *Google Actualités* recense, par exemple, 500 sources francophones et *Google News*, 4 500 sources anglophones. Chacune des sources sélectionnées est scrutée plusieurs fois par jour par un robot : un *Googlebot*, qui indexe les nouveaux articles. Le contenu des articles est ensuite analysé à l'aide d'algorithmes pour déterminer le sujet. Ensuite, les articles sont triés par degré de pertinence. Pour cela, Google tient compte à la fois de la notoriété de la source et compare avec d'autres articles publiés sur le même sujet, dans un même laps de temps. En fonction de cela, l'article va être plus ou moins bien classé sur la page d'accueil de *Google Actualités* et lors des requêtes faites par les utilisateurs[14]. » Tout cela, on l'a bien noté, se fait automatiquement, « sans aucun journaliste ».

INFOS « *LOW COST* »

Le grand pionnier d'une formule nouvelle d'« articles à la demande » est le site américain *Demand Media* (www.demandmedia.com) créé en 2006. Selon son *Manifeste*, il s'est fixé la « mission » de « satisfaire la demande mondiale en contenus à valeur commerciale[15] ». Mais pas n'importe quel contenu, puisque son très ambitieux objectif est de « créer des contenus qui résolvent les problèmes, répondent aux interrogations, permettent de faire économiser de l'argent, font gagner du temps et rendent les gens heureux[16] ». Le média-bonheur !

Comment s'y prend-il ? C'est fort simple, comme l'explique une journaliste : « Pour déterminer quels sujets doivent être traités, l'algorithme de *Demand Media* prend en compte les termes les plus recherchés sur Internet, les mots clés les plus demandés par les publicitaires, et l'existence ou non d'articles relatifs à ce sujet sur le Web. Il met en balance ce que veulent savoir les internautes et combien les annonceurs sont prêts à payer pour apparaître à côté de ces sujets. Une fois la demande identifiée par l'algorithme, les sujets à traiter sont mis en ligne sur *Demand Studio*, la plateforme par laquelle passent les 10 000 rédacteurs et vidéastes *freelance* qui fournissent à la société articles et vidéos. Il suffit à ces derniers de s'inscrire sur le site Internet du Studio et d'attendre les commandes de sujets qui s'y affichent – parfois 62000 suggestions en un seul jour. Payés à l'article (10 dollars) ou à la vidéo (20 dollars)[17]. »

Demand Media a ainsi inventé, avec l'industrialisation massive de la production de contenus en ligne, l'info *low cost.* À titre d'exemple, au cours du deuxième trimestre de 2010, ses 10000 pigistes ont produit, en moyenne, près de 6000 articles écrits ou vidéos, chaque jour ! *Demand Media* a revendiqué, en octobre 2009, plus d'un million d'articles et de vidéos publiés sur le Web... Bien entendu, à de telles cadences, il ne faut pas s'attendre à une information de qualité. Mais ce site est devenu le plus important contributeur de YouTube auquel il fournit entre 10000 et 20000 vidéos par mois, qui génèrent environ 1,5 million de pages vues par jour... Et, phénomène rare encore dans le domaine des médias en ligne, *Demand Media* est une affaire qui marche : son chiffre d'affaires, en 2009, était estimé entre 200 et 300 millions de dollars.

Des « fermes de contenus »

Ce n'est donc pas étonnant qu'il fasse des émules. Dans ce même esprit, l'un des portails les plus populaires de la Toile et grand rival de Google, Yahoo!, a créé aux États-Unis, en juillet 2010, un site d'infos, *The Upshot* (http://news.yahoo.com/upshot) dont les sujets traités ne sont pas non plus déterminés par des journalistes mais uniquement par les statistiques de recherche des internautes sur l'ensemble du réseau Yahoo !, et notamment sur son site agrégateur d'infos *Yahoo ! Actualités*[18].

En mai 2010, Yahoo ! a d'ailleurs racheté une société américaine spécialisée dans la production de contenus *low cost* à la demande, Associated Content (www.associatedcontent.com). Cette plateforme numérique fonctionne de la manière suivante : « Ses salariés passent en revue plus de 50 000 articles, images, sons et vidéos proposés, chaque mois, par quelque 380 000 contributeurs indépendants qui produisent toutes sortes d'articles sur les sujets les plus variés[19]. »

Aux internautes souhaitant écrire et être publiés, Associated Content leur explique qu'ils peuvent de surcroît gagner un peu d'argent car il a été créé « avec l'idée que quiconque donne des informations instructives, des critiques, des guides, des entretiens, des éditoriaux et autres doit pouvoir être payé et rémunéré pour son expertise[20] ».

Il s'agit, en quelque sorte, d'une « massification planétaire » du travail à la pige. Ces plateformes sont appelées des « fermes de contenus » ou des « usines à infos ». Qui achète ces informations « à tarif réduit » ? « Des associations, des sociétés, des sites Internet, des magazines et groupes de presse, des firmes souhaitant augmenter leur audience naturelle et donc leurs ventes, leurs revenus publicitaires ou le nombre de leurs prospects[21]. »

Le groupe américain AOL, un des pionniers d'Internet, aujourd'hui séparé du groupe Time Warner et en phase de restructuration lourde, a décidé à son tour « de se repositionner en tant qu'entreprise d'information[22] ». C'est dans ce but qu'il a racheté, en février 2011, le quotidien en ligne *The Huffington Post.* AOL a lancé, en 2010, sa propre « ferme de contenus », *Seed.com*, qui accueille des articles de jeunes novices du journalisme, de la littérature ou de la photographie traitant de sujets extrêmement divers (loisirs, santé, sport, animaux domestiques, nouvelles technologies, économie et finances, voyages, politique) pour les diffuser sur ses nombreux sites spécialisés (*Daily Finance*, *Stylelist.com*, *AOL Travel*, *Moviefone*, *Wow.com*, *AOL Food*, etc.).

Comme l'explique Saul Hansell, un des responsables de *Seed.com*, ancien reporter au *New York Times*, « il s'agit tout simplement de reprendre le modèle du journalisme de piges tel qu'il a toujours existé et de le rendre beaucoup plus efficace[23] ».

Cette « usine à infos » fonctionne de la manière suivante : « Les pigistes doivent soumettre leurs textes respectifs avec titre et photo suite à la réception préalable d'une commande en ligne en provenance du rédacteur en chef. Les membres de la rédaction choisissent ensuite les versions qui répondent à leurs critères. Les piges écrites sont rémunérées dans une fourchette variant de 5 à 300 dollars[24]. »

Payés au clic

En Europe aussi, des « fermes de contenus » de ce type commencent à se créer. D'origine italienne[25], *Populis* est la plateforme leader (www.populis.com/fr)

dont le présomptueux slogan proclame : « Quand la création de contenu rencontre la science du Web. » Elle revendique plus de 18 millions de visiteurs uniques par mois. Ses responsables ont établi une base de données de quelque 16 millions de thèmes qui intéressent à la fois les internautes et d'éventuels annonceurs dont les publicités seraient affichées en même temps que les articles. Ceux-ci ne sont pas écrits par des journalistes professionnels mais par des « rédacteurs *freelance* », des amateurs passionnés par un sujet précis, sachant écrire correctement et dont les candidatures sont sollicitées par le site[26]. Le tarif des piges varie de 5 à 150 euros selon la dimension de l'article et la qualité de l'écriture.

En France, des sites de contenus à la demande apparaissent également[27]. Ainsi, Wikio, portail européen d'indexation de flux d'informations, séduit environ 3 millions de visiteurs uniques par mois. Son site *Les experts.com* (www.les-experts.com) présente des articles – surtout de vie pratique[28] – établis en fonction des sujets plébiscités par les internautes. Son ambition est de proposer environ 100 000 articles par mois rédigés par une armée de blogueurs rémunérés en fixe, lors de l'acceptation de l'article, plus un complément variable en fonction de l'audience des articles, des recettes publicitaires et de l'expertise du blogueur.

En revanche, le magazine en ligne canadien *Suite101*, présent en France depuis septembre 2009 (www.suite101.fr)[29], ne paie pas de piges à ses collaborateurs *freelance*. Il ne leur verse ce qu'il appelle des « revenus publicitaires » que si les placards de publicité, vendus à des tarifs très avantageux et diffusés avec les articles, sont « cliqués » par les internautes. Or, une enquête américaine sur l'économie en ligne a montré, en 2010, que 79 % des lecteurs d'informations sur le Web ne cliquent jamais, ou rarement, sur une publicité [30].

Avides de « réduire les coûts » aux dépens des journalistes, des groupes de presse traditionnelle commencent à s'intéresser à ces nouvelles méthodes de production « participative » de contenus. Ainsi, le groupe de presse allemand Hubert Burda Media, propriétaire de 186 magazines dans une dizaine de pays, a acquis entre 35 et 40 % du capital du site *Suite101*.

Audience ou fiabilité ?

Ces « usines à infos » peuvent-elles concurrencer les médias d'information classiques ou les sites « en ligne » tenus par des journalistes professionnels ? La plupart des patrons de ces « fermes de contenus » ne le pensent pas pour deux raisons : d'abord, ils considèrent que le créneau des sites d'actualité est saturé ; ensuite, ils affirment ne chercher aucunement à s'y insérer. Les articles (courts, faciles, consensuels) qu'ils proposent portent surtout sur la vie pratique, le « mieux-vivre au quotidien », les conseils de type *self help*, les recommandations en matière de santé, d'argent, d'emploi, de loisirs, de voyages… Ces sites de contenus *low cost* recherchent surtout de gros volumes d'audience pour vendre de la publicité à très faible prix et miser sur une « économie du clic ».

Président et fondateur de *Populis*, Luca Ascani estime que son site peut toutefois se révéler complémentaire : « Sur Internet, 20 à 25 % de l'information consommée proviennent des médias traditionnels, 60 à 65 % proviennent de recherches et environ 15 % des contenus partagés *via* les réseaux sociaux. Nous essayons de couvrir ces trois zones et d'apporter des réponses adéquates[31]. »

Cependant, avec la crise des médias, des sites gratuits d'information en ligne observent de près le succès des « fermes de contenus » et s'interrogent sur l'opportunité d'aborder, eux aussi, des thèmes propres à attirer de fortes audiences, des annonceurs et des « clics », d'accepter, en quelque sorte, que des moteurs de recherche automatisés pilotent l'information... Même certains journaux de référence y songent. Le groupe américain The Washington Post Company, éditeur du célèbre quotidien, a acquis, en juillet 2010, iCurrent, une *start-up* qui propose aux internautes de consulter un « journal adapté à leurs centres d'intérêt ». Il est conçu automatiquement par l'agrégation des contenus de 27 000 sites de presse et blogs proposés à l'internaute, qui peut affiner ces propositions[32].

Cette perspective effraie notamment Bill Keller, le directeur du *New York Times* : « Je ne laisserai pas le destin de l'information dans les mains de Google[33]. »

La recherche d'audience, en tant qu'objectif principal, a toujours un coût pour un média sérieux. Elle produit des effets indésirables graves et conduit généralement à sacrifier la rigueur déontologique, l'exigence professionnelle et, partant, sa crédibilité.

Insécurité informationnelle

L'effondrement de celle-ci constitue d'ailleurs l'une des causes, on l'a vu, de la crise actuelle. Les médias en général, y compris donc la presse écrite, ont perdu la confiance de l'opinion publique. Selon une étude réalisée dans le cadre du « Projet pour l'excellence journalistique » par l'institut indépendant Pew Research Center, « seulement 29 % des personnes interrogées pensent que la presse rapporte les faits correctement ». En revanche, « 71 % des sondés ne font pas confiance aux sources d'information mises à leur disposition[34] ».

Pour survivre, les médias – traditionnels ou « en ligne » – doivent-ils rechercher à tout prix une audience de masse ? Rien n'est moins sûr. Et le Web n'y est pour rien. Qu'une information soit d'abord postée sur le Web n'est pas forcément un handicap pour les autres médias plus lents. À condition toutefois que le message garde toute sa valeur informationnelle, que l'information n'ait pas été démentie entre-temps, ou qu'elle ne se soit pas révélée fausse, ou tronquée, ou biaisée, ou manipulée...

Les déboires sont nombreux comme en témoignent, entre autres, ceux qu'a connus le site *Le Post* (www.lepost.fr), média « participatif » d'information en ligne fondé, en septembre 2007, par Le Monde interactif (filiale du groupe Le Monde et du groupe Lagardère), qui propose des contenus avec l'aide de la communauté des internautes. Les articles publiés correspondent, d'après le classement établi par le site lui-même, à cinq catégories : « l'info brute » (non vérifiée), « l'info rédaction » (proposée par l'équipe rédactionnelle), « l'info vérifiée », « l'info invités » (qui n'engage pas la rédaction), et « l'info sponsor » (publiée par un partenaire commercial du site). Ce simple énoncé inquiète. Est-il étonnant que *Le Post* ait été accusé d'être « un mélange de *Bild*, du *Mirror*, du *Sun*, d'*Ici-Paris*, de *Détective*, de *L'Équipe* et de *Podium* ou de *Hit-Magazine* » en raison de ses pratiques de « racolage éditorial, course à l'audience, confusion des genres, défaillance déontologique[35] » ? Il fut conduit à se séparer de son rédacteur en chef-fondateur en mars 2010, mais ses « cinq niveaux d'information » n'ont pas été modifiés[36].

Bref, ce que le citoyen déteste dans ce nouveau panorama médiatique, comme dans le précédent, c'est l'excessive frivolité de tant de médias qui créent un véritable sentiment d'« insécurité informationnelle ». Le lecteur, le téléspectateur, l'auditeur ou l'internaute ne sait pas, quand il reçoit une information, si celle-ci ne va pas finalement se révéler fausse quelques heures plus tard...

Pour sortir de cette insécurité et avoir la garantie d'une information sûre, le citoyen est sans doute disposé – pour combien de temps encore ? – à payer le prix juste et à s'en remettre à l'appréciation de journalistes professionnels. « Les gens nous paient pour notre jugement, affirme Bill Keller. Il y a une différence entre ce que dit *Wikipedia* et le *New York Times* ; les gens vont sur *Wikipedia* en sachant ce qu'ils recherchent ; mais ils viennent au *New York Times* ou à la BBC sans savoir ce qu'ils vont y trouver. Ils viennent lire ce que leur racontent des gens intelligents et bien formés qui leur disent ce qui est arrivé, comment c'est arrivé et quelles en sont l'importance et la signification. Nulle personne privée n'a le temps de faire cela par elle-même[37]. »

VII

Les journaux vont-ils survivre ?

Les avions ne remplacent pas les bateaux

Les journaux vont-ils disparaître ? C'est peu probable. D'abord parce que, comme le rappelle Bill Keller, « les journaux sont peut-être des dinosaures, mais les dinosaures se sont promenés sur la face de la Terre pendant des millions d'années ». Internet ne remplacera pas les journaux papier. De même que la télévision n'a pas supplanté la radio ou le cinéma, ni celui-ci, le théâtre ou l'opéra. En matière de médias se vérifie aussi l'aphorisme du physicien Walt de Heer : « Les avions n'ont jamais remplacé les bateaux. » L'histoire des médias est le récit d'un empilement.

Certes, la presse écrite est à la recherche des moyens de se refonder, mais les journalistes ne vont pas pour autant disparaître. Parce qu'il n'y a peut-être jamais eu de moment plus favorable pour être journaliste. L'accès à l'information est plus grand qu'à aucun autre moment de l'histoire. Et grâce aux nouveaux outils du

Web, l'audience est également colossale, potentiellement infinie.

Mais nous vivons une révolution. L'irruption de chaque nouvelle invention bouleverse l'économie générale du champ, et déclenche une sorte de « darwinisme », de sélection par la plus ou moins grande adaptation au nouveau contexte. Les grands groupes de presse se désespèrent, effrayés par la brutalité d'un changement qui est désormais parmi nous. L'acclimatement au nouvel écosystème sera pénible, éprouvant et funeste. De nombreux journaux vont disparaître. Mais d'autres parviendront à s'ajuster, et ils survivront.

Pour l'instant, l'information en ligne (à une ou deux exceptions près dans le monde) n'est toujours pas rentable. Elle ne sait pas gagner de l'argent. C'est pourquoi, pendant quelques années encore, des médias aux caractéristiques fort diverses vont coexister sur la Toile dans un environnement chaotique, en mutation permanente.

En ces temps de changements rapides, le succès d'un site sur la Toile ne garantit nullement sa survie. Il peut se révéler éphémère. Qui se souvient encore de *Second Life*, par exemple ? Ce monde virtuel, qui comptait, il y a à peine trois ans, plus de quatre millions de « résidents », a quasiment disparu aujourd'hui. *MySpace*, un fascinant phénomène de société, star des réseaux sociaux au début des années 2000, est déjà « ringardisé » et largement déserté.

L'information sur support papier ne sera, probablement et au mieux, pour les nouveaux sites en ligne dominants, qu'une des expressions de l'information au sein d'une *plateforme numérique* conçue pour émettre des flux en direction de tous les nouveaux supports technologiques (Internet, smartphones, tablettes tactiles).

Y a-t-il une bonne recette pour survivre durant cette phase d'extinction massive ? Peut-être celle-ci : chaque média doit se concentrer sur son savoir-faire spécifique (à condition qu'il soit vraiment spécifique et non pas la répétition de ce que tous les autres font). Avant tout, approfondir ce qu'il sait faire le mieux. Et multiplier les liens hypertextes vers tout le reste.

En même temps, les journalistes devront apprendre à élaborer autrement les informations pour les diffuser sous diverses formes : *posts*, alertes, brefs résumés anticipatifs (pour Twitter, Facebook ou autres réseaux sociaux), articles écrits, photos, sons, vidéos, discussions avec les lecteurs, blogs, contributions des internautes, liens avec d'autres articles sur le même sujet.

En évitant un risque, celui de consacrer l'essentiel de son temps à sélectionner et à diffuser de l'information au lieu de la produire.

Les lecteurs continuent de réclamer leur droit à une information fiable et de qualité : un enjeu plus important que jamais, pour chaque citoyen et pour la démocratie. Mais ils n'oublient pas l'essentiel : ils aiment lire des histoires. Le journalisme ne consiste pas seulement à fournir des statistiques, des chiffres et des faits, mais à élaborer et construire, à partir de cette matière première, une narration riche de tous les ingrédients – lexicaux, rhétoriques, dramatiques – des grandes histoires de toujours. Le journalisme relève aussi, on l'oublie souvent, de l'art littéraire.

Même sur écran, les internautes exigeront de plus en plus de vrais récits de qualité, longs, rythmés, documentés, haletants. Les journalistes doivent garder à l'esprit qu'à l'heure des nouveaux médias, l'information est hyperabondante. L'offre de contenus sature la demande. En la matière, le problème principal des gens n'est pas de trouver de l'information, mais d'obtenir la bonne, la meilleure information. La recherche de celle-ci devient chronophage, très coûteuse en temps. Le public ira donc principalement, *via* les liens, vers une information à double qualité, de fond et de forme, utile et fiable.

LE SUCCÈS DE *DIE ZEIT*

Il est intéressant, pour finir, de se pencher sur un des succès de presse actuels les plus significatifs. Il ne s'agit pas d'un média en ligne, mais d'une grande publication de presse écrite traditionnelle qui a vu ces derniers temps, en plein cataclysme général, ses ventes s'envoler[1] : l'hebdomadaire allemand *Die Zeit* (dont le tirage dépasse désormais les 500 000 exemplaires).

Comment son directeur Giovanni di Lorenzo explique-t-il cette réussite ? C'est fort simple. Il a d'abord étudié en détail les besoins des lecteurs, puis il a décidé d'ignorer tous les conseils des experts en médias, de refuser les modes et de continuer à publier des articles longs, documentés, sérieux et même difficiles. Persuadé qu'il faut aller à contre-courant des tendances médiatiques actuelles (urgence, brièveté, simplicité, frivolité), dictées par la panique, Di Lorenzo estime également que les gens veulent des « informations estampillées[2] », c'est-à-dire dont la traçabilité remonte à une source en laquelle ils ont confiance.

Cela confirme l'analyse de l'écrivain-journaliste argentin Tomás Eloy Martínez : « Les gens n'achètent plus les journaux pour s'informer. Ils les achètent pour comprendre, pour comparer, pour analyser, pour réviser l'envers et l'endroit de la réalité[3]. »

Le futur du journalisme, approuve Giovanni di Lorenzo, sera « un journalisme d'orientation et d'approfondissement. Nous vivons un moment de crise. Les gens ont besoin de repères, de sens ; ils préfèrent les médias qui n'ont pas bradé leurs convictions. Nous refusons le sensationnalisme. Nous ne cherchons pas à refaire ce que font déjà tous les quotidiens. Ni à faire comme les médias en ligne. Nous proposons une approche différente de l'information, plus rigoureuse, plus approfondie, plus personnelle[4] ».

À entendre Giovanni di Lorenzo, on peut être certain d'une chose : *Die Zeit* et tous les journaux qui n'ont pas trahi leurs lecteurs, qui ont su conserver leur crédibilité et qui maintiennent leur exigence de qualité, ne sont nullement menacés d'extinction. Ceux-là ne disparaîtront pas.

Notes

Avant-propos

1. Dessinateur, *El País*, Madrid, 25 novembre 2010.

2. *Cf.* Francis Pisani et Dominique Piotet, *Comment le Web change le monde. L'alchimie des multitudes*, Paris, Pearson-Village mondial, 2008.

3. Systémique signifie que ce n'est pas une crise de cycle ou d'évolution, mais celle du fonctionnement structurel même du journalisme. Tous ses paramètres sont en panne.

4. *Cf.* Leonard Downie et Michael Schudson, « *The Reconstruction of American Journalism* », *Columbia Journalism Review*, 19 octobre 2009.

5. Benoît Raphaël, éditeur du blog *La social NewsRoom* (http://benoitraphael.com).

6. Un exemple parmi d'autres : afin de privilégier la diffusion de ses émissions sur le Web et sur téléphone portable, le prestigieux BBC World Service a annoncé, en janvier 2011, que sa masse salariale allait être réduite de 25 %, ce qui entraînera la fermeture de cinq services en langues étrangères et la suppression de 650 emplois.

7. En France, i>Télé, la chaîne d'info de Canal+, est en déficit. Le chiffre d'affaires publicitaire en 2010 de France 24, chaîne d'information internationale du gouvernement français, a chuté de 38 % par rapport à 2009. Aux États-Unis, CNN, doyenne du genre et fondée en 1980, a perdu, en 2010, 40 % de son audience. Ailleurs, certaines de ces chaînes commencent à fermer. C'est le cas,

en particulier, de CNN+, chaîne espagnole du groupe Prisa (éditeur du quotidien *El País*), qui a cessé d'émettre le 28 décembre 2010 après onze ans d'existence.

8. *Cf.* Thomas Kuhn, *La Structure des révolutions scientifiques*, tr. fr. L. Meyer, Paris, Flammarion, 1982. Selon Kuhn, un paradigme scientifique est un ensemble cohérent de modèles, concepts, connaissances, hypothèses et valeurs étroitement liés. Il y a *révolution scientifique* quand un cadre conceptuel *(paradigme)* est remplacé par un autre.

9. Les internautes représentent seulement une minorité de la population mondiale. Selon l'Union internationale des télécommunications (UIT) « quelque 2,08 milliards de personnes ont surfé sur Internet en 2010, soit un habitant de la planète sur trois ».

10. F. Pisani et D. Piotet, *Comment le Web change le monde, op. cit.*

11. Entretien avec Jeff Jarvis, *El País*, 19 septembre 2010.

12. Aux États-Unis, sur les quatre grandes chaînes, seule la Fox semble tirer son épingle du jeu. En revanche, « la moitié des revenus de NBC provient désormais de ses programmes d'information sur le câble. En ce qui concerne CBS News, les profits ont été nuls, et ABC News n'a réussi à s'en sortir que grâce à de fortes coupes budgétaires. La première a annoncé une réduction de 7 % de ses opérations en matière d'information, alors que la seconde réfléchit actuellement à un plan social qui pourrait mener au licenciement d'un quart de ses 1 400 employés » (http://mediamerica.org/paysage-audiovisuel/les-medias-traditionnels-en-declin-selon-le-pew-reports).

13. Lire le rapport « *Newspapers in Crisis* » (www.emarketer.com/Reports/All/Emarketer_2000552.aspx).

14. Selon des données de l'institut Nielsen NetRatings (*cf. Le Monde*, 20 mars 2010).

I. Une crise d'identité

1. Philippe Cohen et Élisabeth Lévy, *Notre métier a mal tourné*, Paris, Mille et une nuits, 2008.

2. Lire le blog de Benoît Raphaël, « Demain, tous journalistes ? » (http://benoit-raphael.blogspot.com).

3. *Cf.* « La révolution des médias : libération ou crise de l'infor-

mation ? », colloque organisé par le Conseil franco-britannique à Paris, le 13 novembre 2009 (www.conseilfrancobritannique.info/pdf/131109.pdf).

4. *El País*, 5 septembre 2010.

5. Voir, sur YouTube, l'entretien avec Rosental Alves, MDLF Media Forum, 9 septembre 2010.

6. MySpace, détenu par News Corp, a annoncé en janvier 2011 la suppression de près de la moitié des postes du groupe.

7. En septembre 2010.

8. Lorsqu'un même internaute visite, par exemple, dix fois un site Web sur une période de référence, les données d'audience comptabilisent dix visites mais un seul « visiteur unique » pour cette période. Les classements de fréquentation des sites sont généralement établis sur le nombre de « visiteurs uniques » enregistré.

9. Chiffres de novembre 2010, *Les Échos*, 29 décembre 2010.

10. Laurent Gervereau, réalisateur du documentaire *L'Info est-elle comestible ?* (2011).

11. Patrice Flichy, *Le Sacre de l'amateur. Sociologie des passions ordinaires à l'ère du numérique*, Paris, Le Seuil, 2010. *Cf.* aussi Charles Leadbearer et Paul Miller, *The Pro-Am Revolution: How Enthusiasts Are Changing the Economy and Society*, Londres, Demos, 2004.

12. P. Flichy, *Le Sacre de l'amateur, op. cit.*

13. *Cf.* B. Raphaël, « Quelques tendances médias pour 2011 », *La social NewsRoom*, 4 janvier 2011 (http://benoitraphael.com/2011/01/04/quelques-tendances-medias-pour-2011).

14. Entretien avec Rosental C. Alves, *El País*, 5 septembre 2009.

15. C'est cette nouvelle logique que ne comprennent pas certains pouvoirs autoritaires. Ils continuent de croire qu'en contrôlant d'une main de fer les médias centraux (radio, télévision, presse, certains sites Internet), ils étouffent la diffusion d'une information gênante. Désormais, les infos, tel un fluide ultravisqueux, leur filent entre les doigts, se répandent partout et traversent les frontières. Les exemples de ces « fuites » abondent. Dernières en date : les révoltes populaires de janvier 2011 en Tunisie et en Égypte, écrasées dans le sang par un pouvoir aux abois qui pensait censurer toute image délatrice. Mais des témoins enregistraient des photos et des vidéos à l'aide de leurs

smartphones, et envoyaient ces scènes révoltantes de répression à travers tout le pays et au-delà des frontières *via* Twitter, Facebook, les blogs, les forums de discussion ou le courrier électronique…

16. Quelque 500 sites d'information concentrent déjà plus de la moitié des consultations en ligne. En octobre 2010, selon Alexa (www.alexa.com), société qui fournit de l'information sur la Toile, les dix premiers sites mondiaux étaient : Google, Facebook, YouTube, Yahoo, Windows Live, Baidu (moteur de recherche chinois), Wikipedia, Blogger, MSN et Twitter.

17. www.rue89.com/presse-sans-presses/2010/10/23/le-new-york-times-a-plus-de-lecteurs-sur-twitter-que-dexemplaires-pap

18. Le 5 octobre 2010, le prix Nobel de physique a été décerné aux chercheurs Andre Geim et Konstantin Novoselov pour leurs travaux sur le graphène, une nouvelle matière, extrêmement fine et résistante, à base de cristal de carbone bidimensionnel, transparent et bon conducteur de l'électricité et de la chaleur. Il devrait permettre de créer de nouveaux matériaux et de produire des composants électroniques innovants. Les transistors au graphène seront mille fois plus rapides que ceux conçus à partir de silicium, et permettront d'obtenir des ordinateurs beaucoup plus petits et plus efficaces. Le graphène n'est pas cher puisqu'on le trouve dans les abondantes mines de graphite. Il permettra de faire du « papier électronique », des écrans qui se plient et se roulent comme du papier ordinaire. Samsung et IBM travaillent déjà à la fabrication d'écrans à base de graphène, moins lourds, plus grands, pouvant s'enrouler pour atteindre la taille d'un simple crayon et permettant de diffuser des images de très haute définition. (*Cf. Le Monde*, 5 octobre 2010.)

19. La même inquiétude commence à gagner les milieux de l'édition qui voient comment le livre électronique continue de grignoter des parts de marché. Aux États-Unis, les livres électroniques, qui représentaient 10 % des ventes en 2010, atteindront sans doute 15 voire 20 % très rapidement. (*Le Monde*, 16 janvier 2011.)

20. Le *streaming* est une technologie qui permet une « lecture en flux ». On peut voir des films ou écouter de la musique en haute définition sur Internet, sans qu'il soit nécessaire de télécharger un quelconque contenu. Celui-ci est directement capté dans le « nuage » *(cloud)*.

21. *Cf.* entretien avec Rosental C. Alves, *El País*, *op. cit.*

22. En 2009, la télévision restait le plus grand support publicitaire avec une part de marché de 39 %, suivie des journaux avec 24 % et d'Internet avec 12 %. La plupart des recettes publicitaires sur Internet sont liées aux recherches, domaine contrôlé par un acteur principal – Google – qui détient 65 % du marché. Chiffres fournis par World Association of Newspapers, 4 août 2010 (http://www.wan-press.org/article18613.html).

23. Cette aide se décompose entre l'aide destinée aux quotidiens régionaux, départementaux et locaux d'information politique et générale à faibles ressources de petites annonces (1,4 million d'euros), l'aide destinée à la presse hebdomadaire régionale (1,4 million d'euros) et le fonds d'aide aux quotidiens nationaux d'information politique et générale à faibles ressources publicitaires (9,2 millions d'euros). En 2010, cette aide a également bénéficié d'abondements exceptionnels, si bien que le montant total des crédits disponibles s'est élevé, cette année-là, à 16,15 millions d'euros.

24. www.ddm.gouv.fr/article.php3?id_article=380

25. *Cf.* Inés Hayes, « *En quiebra los principales diarios del mundo* », *America XXI*, Caracas, avril 2009.

26. Dépêche AFP, 2 février 2009.

27. Fondée en 1887 par le milliardaire William Randolph Hearst qui servit de modèle à Orson Welles pour le personnage principal de son fameux film, *Citizen Kane* (1941).

28. Il a été repris, pour un dollar symbolique, par un homme d'affaires ayant fait fortune dans le domaine de la hi-fi, Sidney Harman, époux nonagénaire d'une influente parlementaire californienne, la démocrate Jane Harman.

29. La diffusion directe de films et de séries sur Internet en *streaming*, comme le font Netflix ou les sites Hulu ou iTV d'Apple, met en crise les chaînes du câble dont certaines, aux États-Unis, commencent à disparaître.

30. *Prospect Magazine*, 23 juin 2010 (www.prospectmagazine.co.uk/2010/06/murdoch-is-right).

31. *El País*, 26 novembre 2010.

32. *Cf.* Arnaud Wajdzik, « Quels sont les blogs les plus influents sur la Toile ? », *Ouest-France*, 4 juillet 2010.

33. *Cf. Senetoile.com*, Dakar, 12 mai 2010.

34. « Adresse à la profession : Journaliste, métier en danger », SGF-FO, Paris, 10 novembre 2009.

35. Communiqué de la Fédération des associations de journalistes d'Espagne, Madrid, 27 décembre 2010.

36. *Cf.* « La révolution des médias : libération ou crise de l'information ? », *op. cit.*

37. Ryszard Kapuscinski, « Les médias reflètent-ils la réalité du monde ? », *Le Monde diplomatique*, août 1999.

38. Lire, à cet égard, le compte rendu de la conférence intitulée « Rédactions multimédias et réseaux sociaux : quelle organisation ? », donnée au Centre de formation des journalistes, à Paris, le 17 décembre 2010, par Fabrice Cecchi, rédacteur en chef du site d'actualité www.rtlinfo.be, et Benoît Raphaël (http://www.cfpj.com/cfpj-lab/articles/Redactions-multimedias-et-reseaux-sociaux-quelle-organisation.html).

39. Denis Jeambar, *Portraits crachés*, Paris, Flammarion, 2011.

40. Xavier Ternisien, « Les forçats de l'info », *Le Monde*, 25 septembre 2009.

II. Érosion de la crédibilité des médias

1. *Cf.* Ignacio Ramonet, *Le Krach parfait*, Paris, Galilée, 2009.

2. Allusion à Philippe Val, actuel patron de France Inter et directeur de *Charlie Hebdo* de 1992 à mai 2009.

3. Commentaire posté par « Central Scrutennizer » dans un débat sur les médias de *Rue89*, le 25 janvier 2011, à 16 h 04.

4. *Cf.* S. Lablanquie, « Un journaliste payé par une entreprise peut-il être journaliste ? », *Rue89*, 18 janvier 2011.

5. Le Centre d'étude de la vie politique française (CEVIPOF) a publié, en janvier 2010, une étude montrant que 23 % seulement des personnes interrogées font confiance aux partis politiques, et qu'à peine 27 % font confiance aux médias. Soit moins qu'aux banques, 37 %…

6. Honoré de Balzac, *Monographie de la presse parisienne* [1843], Paris, Jean-Jacques Pauvert, 1965, p. 40.

7. Posséder un média procure un prestige et un pouvoir d'influence non négligeables. Dans leur livre-enquête *TF1, un pouvoir* (Paris, Fayard, 1997), Pierre Péan et Christophe Nick ont bien montré quel était l'objectif de Francis Bouygues quand il a racheté, en 1986, la chaîne. Entouré de ses conseillers, il négociait avec Édouard Balladur, alors Premier ministre. Après avoir procédé à une évaluation de TF1, ils estimaient son prix à quelque 3,8 milliards de francs. Les services du gouvernement en étaient arrivés à peu près au même montant. Balladur décida d'y ajouter 20 %, soit 4,5 milliards. Son entourage aurait considéré ce prix excessif. D'ailleurs, quand on leur annonça la somme, les conseillers de Bouygues auraient conseillé à celui-ci de laisser tomber. Mais Bouygues s'exclama : « C'est très bon marché. Je prends. Ce n'est pas une télé que j'achète, c'est un pouvoir d'influence. » *Cf.* aussi Augustin Scalbert, « Qui contrôle les médias en Europe ? », *Rue89*, 5 novembre 2007.

8. H. de Balzac, *Monographie de la presse parisienne*, *op. cit.*, p. 40.

9. Pierre Péan et Philippe Cohen, *La Face cachée du Monde*, Paris, Mille et une nuits, 2003.

10. *Le Monde*, 9 septembre 2004.

11. L'entretien sera finalement publié par l'hebdomadaire *Le Point*, le 9 septembre 2004.

12. *Le Canard Enchaîné*, 8 septembre 2004.

13. *Cf. Le Monde*, 25 janvier 2011.

14. Après la prise de contrôle par Dassault de la Socpresse, 268 journalistes du groupe, soit près de 10 % des effectifs, ont fait jouer la clause de cession et annoncé leur départ.

15. Cité dans le livre *Les Dirigeants face au changement*, Paris, Éditions du Huitième jour, 2004.

16. *Le Monde*, 12 janvier 2011.

17. « *Self Censorship: How Often and Why* », Pew Research Center, 30 avril 2000.

18. *El Mundo*, Madrid, 12 novembre 2004.

19. www.rebelion.org/noticia.php?id=96387

20. 83 % des Français estiment que les responsables politiques ne se préoccupent pas de ce que pensent les citoyens (« Baromètre de la confiance politique », CEVIPOF, Paris, 31 janvier 2011).

21. Et bien d'autres, tels François Hollande-Valérie Trierweiler, Arnaud Montebourg-Audrey Pulvar, Alain Juppé-Isabelle Legrand-Bodin, ou encore François Baroin-Marie Drucker (séparés depuis 2008).

22. P. Cohen et É. Lévy, *Notre métier a mal tourné*, *op. cit.*

23. Serge Halimi, *Les Nouveaux Chiens de garde*, Paris, Raisons d'agir, 2005. *Cf.* aussi *id.*, « Les journalistes au service des puissants », *Le Temps stratégique*, Paris, avril-mai 1999.

24. *Cf.* François Denord, Paul Lagneau-Ymonet et Sylvain Thine, « Aux dîners du Siècle, l'élite du pouvoir se restaure », *Le Monde diplomatique*, février 2011.

25. Voir le documentaire de Pierre Carles, *Fin de concession* (2010), dont « le but est de faire honte aux journalistes qui se mettent à plat ventre devant le pouvoir ».

26. Qui influence par des moyens non coercitifs.

27. *Cf.* Natacha Quester-Séméon, « Dîner des blogueurs avec Éric Besson », www.memoirevive.tv/blog, 30 mai 2008.

28. *Cf.* Fabien Prêtre, « Nathalie Kosciusko-Morizet – Dîner Blogueurs – 22 avril à l'hôtel de Broglie », www.fabienpretre.com, 24 avril 2009.

29. *Cf.* Bruno Roger-Petit, « Quand Nathalie Kosciusko-Morizet fait pression sur France 2 pour faire virer Nicolas Bedos », *Le Post*, 26 janvier 2011 (www.lepost.fr).

30. *Cf.*, entre autres : www.rue89.com/tag/rumeurs

31. New York, W.W. Norton & Co, 2010.

32. *Cf.* entretien avec Nicholas Carr, *El País*, 29 janvier 2011 et Hubert Guillaud, « Nos cerveaux attaqués par le net… vraiment ? », *Le Monde*, 2 juillet 2010.

33. Selon Presse Emblème Campagne (www.pressemblem.ch), au cours des neuf premiers mois de 2010, au moins 90 journalistes ont été tués dans 33 pays, contre 72 durant la même période en 2009, soit une hausse de 25 %. Le pays le plus dangereux est le Mexique (treize journalistes tués entre janvier et septembre 2010), suivi par le Honduras et le Pakistan (neuf journalistes tués).

34. *Cf.* I. Ramonet, *La Tyrannie de la communication*, Paris, Galilée, 1999 et *Propagandes silencieuses*, Paris, Galilée, 2000.

35. Voir, par exemple, en Italie, la surpuissance médiatique du

groupe Fininvest de Silvio Berlusconi, ou, à l'échelle planétaire, celle de News Corporation de Rupert Murdoch.

36. Tous les classements sont de 2009.

37. Fin 2010, Apple est devenue la deuxième société la plus chère du monde, en raison de sa valeur boursière estimée à 227 milliards d'euros. Loin devant Microsoft (185 milliards d'euros) et Google (149 milliards d'euros).

38. *Cf.* I. Ramonet, « Le cinquième pouvoir », *Le Monde diplomatique*, octobre 2003.

39. *Cf.* I. Ramonet, « Un crime parfait », *Le Monde diplomatique*, juin 2002.

40. Et bien d'autres médias, comme *La Tercera*, *Ultimas Noticias*, *La Segunda*, Canal 13, etc. *Cf.* Patricio Tupper, *Allende, la cible des médias chiliens et de la CIA (1970-1973)*, Paris, L'Amandier, 2003.

41. *Le Monde diplomatique en español*, Valence, janvier 2011.

42. *Cf.* I. Ramonet, « Mensonges d'État », *Le Monde diplomatique*, juillet 2003.

III. « Serial bidonneurs »

1. Voir, à cet égard, la très intéressante rubrique « Les trous noirs de l'information » sur le site *Arrêt sur images* (www.arretsurimages.net/dossier.php?id=98).

2. *Cf. Le Monde*, 21 mai 2003 et *Time*, New York, 16 juin 2003.

3. Il s'agissait d'un véritable attentat-suicide, perpétré à la pizzeria *Sbarro*, dans le centre de Jérusalem, le 9 août 2001, revendiqué par les mouvements palestiniens du Hamas et du Djihad islamique. Quinze Israéliens furent tués, dont sept enfants, et cent trente autres grièvement blessés.

4. *Cf.* Ibrahim Warde, « Contes et légendes de l'argent du terrorisme », *Le Monde diplomatique*, septembre 2007.

5. « *Woman who died in Cuba story alive in USA* », *USA Today*, 19 mars 2004.

6. *Le Monde*, 30 avril 2004.

7. *Le Monde*, 28 septembre 2004.

8. *Cf.* le documentaire de Robert Greenwald, *Outfoxed* (2004).

9. John Pilger, « Quand les mots font écran à l'histoire », *Le Monde diplomatique*, octobre 2004.

10. *Cf.* le documentaire de Robert Greenwald, *Uncovered* (2003).

11. *The Washington Post*, 12 août 2004.

12. Mais il n'y eut pas que des journalistes *« embedded »* : beaucoup d'autres étaient ce que les militaires américains appelaient *« unilateral »*, c'est-à-dire qu'ils circulaient en Irak à leurs risques et périls et aux frais de leurs médias respectifs.

13. Créé en janvier 2008, *ProPublica* (www.propublica.org) est un site américain d'information en ligne, indépendant, sans but lucratif, consacré au journalisme d'investigation. Il est dirigé par un ancien du *Wall Street Journal*, Paul Stieger, et un autre du *New York Times*, Stephen Engelberg. Soutenu par des fondations philantropiques, *ProPublica* finance des enquêtes « dans l'intérêt du public ». En avril 2010, ce site a reçu le prix Pulitzer pour une enquête, menée par Sheri Fink, dans les centres médicaux de La Nouvelle-Orléans après le passage de l'ouragan Katrina en 2005. C'était la première fois qu'un nouveau média en ligne recevait ce prix. En France, certains articles de *ProPublica* sont repris et publiés par *Mediapart*.

14. *Cf.* Peter Maass, « *The Toppling: How the Media Inflated the Fall of Saddam's Statue in Firdos Square* », *ProPublica.org*, 5 janvier 2011. La manipulation avait déjà été dénoncée par d'autres analystes. Par exemple, Patrick Martin, « Les événements arrangés du square Firdos à Bagdad. Fabrication d'images, mensonges et la "libération" de l'Irak » (www.wsws.org/francais/News/2003/avril03/120403_Firdos.shtml). Voir aussi le documentaire *Control Room* (2004), réalisé par Jehane Noujaim.

15. Cette affaire a inspiré un excellent film, *Fair Game* (2010), réalisé par Doug Liman, interprété par Naomi Watts et Sean Penn.

16. Le 16 octobre 2005, le *New York Times* (qui s'est, depuis, séparé d'elle) a admis que Judith Miller avait rédigé cinq articles faux, sur six, sur le thème des armes de destruction massive en Irak. *Cf.* Laurent Mauriac et Pascal Riché, « Intoxication massive au *New York Times* », *Libération*, 11 novembre 2005.

17. *The Washington Post*, 21 avril 2009.

18. *Cf.* « La révolution des médias : libération ou crise de l'information ? », *op. cit.*

IV. Innovations et réussites

1. http://investigativenewsnetwork.org

2. http://www.j-lab.org

3. Selon le Pew Research Center, seuls 7 % des internautes américains sont prêts à payer pour s'informer.

4. www.lefigaro.fr/medias/2010/07/18/04002-20100718ARTFIG-00202-les-nouvelles-ficelles-des-sites-d-infos-americains.php

5. *Cf. Rebelión* (www.rebelion.org) qui est le site d'information alternative de langue espagnole le plus consulté au monde, avec quelque 4,5 millions de visiteurs uniques par mois.

6. *El País*, 25 juillet 2010.

7. Elle paraît trois fois par semaine, uniquement lorsque le Congrès est en session.

8. Joseba Elola, « *Entrevista con Jim Vandehei* », *El País*, 18 juillet 2010.

9. *Cf. The New York Times*, 25 octobre 2010 et www.journalismes.info/Politico-com-se-met-au-payant_a3026.html

10. Alain Joannès, *Database journalism. Bases de données et visualisation de l'information*, Paris, CFPJ, 2010.

11. *Cf.* Alex Williams, « Le *Guardian* montre la voie du journalisme de données », *ReadWriteWeb France*, 4 octobre 2010 (http://fr.readwriteweb.com/2010/10/04/a-la-une/guardian-montre-voie-du-journalisme-de-donnes).

12. http://benoit-raphael.blogspot.com/2007/08/les-bases-de-donnes-nouveau-mtier-du.html

13. Lire, par exemple, « Un fonctionnaire suspendu pour avoir lancé un site "WikiLeaks13" », *Le Monde*, 5 janvier 2011. Ce fonctionnaire, un ingénieur informatique de 39 ans qui voulait « dénoncer les pratiques illégales » dans la région marseillaise, a tenté de mettre fin à ses jours en raison des pressions exercées contre lui pour avoir voulu créer ce site. *Cf. Libération.fr*, 9 janvier 2011.

14. Lire « Royaume-Uni : un œil sur les pédophiles », *La Libre Belgique*, Bruxelles, 18 février 2008.

V. *WikiLeaks*

1. « Ces publications sont une attaque, non seulement contre les intérêts des États-Unis, en matière de sécurité, mais aussi contre la communauté internationale », a déclaré par exemple, le 30 octobre 2010, la chef de la diplomatie américaine, Hillary Clinton (www.rtbf.be/info/media/WikiLeaks/WikiLeaks-hillary-clinton-met-les-choses-au-point-280681).

2. *El País*, 8 février 2010.

3. *El País*, 24 octobre 2010.

4. *Ibid.*

5. *Cf.* Florence Renard, « *WikiLeaks* : débat sur un grand déballage », *Les Échos*, 7 décembre 2010.

6. Un *hashtag* Twitter est créé en ajoutant le symbole dièse devant le mot clé : #trafigura. Les *hashtags* permettent de regrouper des informations concernant un même sujet.

7. « Trafigura *vs Guardian* : Twitter au secours de la liberté de la presse », dans *Media Trend* (http://www.themediatrend.com).

8. Lire l'histoire de cette bataille racontée par Robert Booth, « Trafigura: A Few Tweets and Freedom of Speech Is Restored », *guardian.co.uk*, 13 octobre 2009 (www.guardian.co.uk/media/2009/oct/13/trafigura-tweets-freedowm-of-speech).

9. « Trafigura *vs Guardian* », art. cit.

10. Alan Rusbridger, « *First Read: The Mutualized Future Is Bright* », *The Guardian*, Londres, 19 octobre 2010.

11. George Orwell, « La politique et la langue anglaise » [1946], dans *Essais, articles, lettres*, vol. IV (1945-1950), tr. fr. A. Krief, B. Pécheur et J. Semprun, Paris, Ivrea, 2001, p. 173.

12. www.youtube.com/watch?v=to3Ymw8L6ZI

13. *Cf.* Philippe Rivière, « Rapports explosifs sur la guerre d'Afghanistan », www.monde-diplomatique.fr, 26 juillet 2010.

14. La banque suisse Postfinance, le service de paiement en ligne PayPal, les entreprises Visa et Mastercard, entre autres, refusent d'assurer les versements des dons à l'organisation de Julian Assange ; plusieurs fournisseurs d'accès ont retiré le site de *WikiLeaks* de leurs serveurs. *Cf.* P. Rivière, « *WikiLeaks*, mort au messager », *Le Monde diplomatique*, janvier 2011.

15. L'article 321-1 du Code pénal français définit le recel comme « le fait de dissimuler, de détenir ou de transmettre une chose, ou de faire office d'intermédiaire afin de la transmettre, en sachant que cette chose provient d'un crime ou d'un délit. Constitue également un recel le fait, en connaissance de cause, de bénéficier, par tout moyen, du produit d'un crime ou d'un délit ».

16. Edwy Plenel, « En défense d'Internet et de *WikiLeaks* (3) : la révolution numérique », *Mediapart*, 7 janvier 2011.

17. *« Sunlight is said to be the best of disinfectants »*, disait déjà, il y a près d'un siècle, Louis D. Brandeis, juge (progressiste) à la Cour suprême des États-Unis de 1916 à 1939.

18. Felix Stalder, « Pourquoi les institutions peinent à garder leurs secrets », *Le Monde diplomatique*, janvier 2011.

19. S. Halimi, « Un journalisme de révérence », *Le Monde diplomatique*, février 1995.

20. *Cf.* Stefan Steinberg, « La presse européenne et les révélations de *WikiLeaks* », *Le Journal des alternatives*, 19 août 2010 (www.alternatives.ca).

21. Jean-Michel Apathie, « *WikiLeaks*, le journalisme et les cambrioleurs », 6 décembre 2010 (http://blog.rtl.fr/aphatie/20101206/wikileaks-le-journalisme-et-les-cambrioleurs-06-12.html).

22. Jean-Yves Bouchicot, « *WikiLeaks* et les vieux journalistes : Slama bat le record », *Mediapart*, 30 novembre 2010.

23. *Cf.* Pierre Rousselin, « La tyrannie de la transparence », *Le Figaro*, 29 novembre 2010.

24. *Dixit* Pierre Beylau, « Les fausses vérités de *WikiLeaks* », *Le Point*, 29 novembre 2010.

25. *El País*, 19 septembre 2010.

26. Lawrence Lessig, « Culture libre. Comment les médias utilisent la technologie et la loi pour confisquer la culture et contrôler la créativité », 2004 (www.jus.uio.no/sisu/free_culture.lawrence_lessig/doc.fr.html).

27. *Cf.* Samuel D. Warren et Louis D. Brandeis, « The Right to Privacy », *Harvard Law Review*, 4, 1890.

28. Dans un entretien avec la journaliste Christiane Amanpour sur la chaîne américaine ABC, le 31 juillet 2010.

29. « Julian Assange Answers your Questions », *guardian.co.uk*, 3 décembre 2010.

30. Ce quotidien britannique a passé un accord avec le *New York Times* qui permet à celui-ci de diffuser également en primeur les révélations de *WikiLeaks*.

31. *The New York Times,* 25 juillet 2010.

32. *Le Monde*, 16 décembre 2010.

33. Mais qui célébraient la « transparence démocratique » quand, par exemple, l'Allemagne, la République tchèque, la Hongrie ou la Pologne ont rendu publiques et accessibles sur Internet les archives secrètes des polices politiques de la période communiste, qui allaient détruire la vie privée de centaines d'anciens collaborateurs.

34. *El País*, 19 décembre 2010.

35. *Cf.* Benjamin Ferran, « Ces "hacktivistes" qui rêvent d'imposer la démocratie », *Le Figaro*, 28 janvier 2011.

36. Un logiciel libre est un logiciel dont l'utilisation, la modification, la copie et la diffusion sont gratuites et autorisées.

37. Richard Stallman, « De la nécessité des cyber-manifestations pour défendre *WikiLeaks* », *The Guardian*, 17 décembre 2010 (traduction française disponible sur le site *Télérama.fr*, 27 décembre 2010).

38. *Cf.* Philippe Marlière, « Manifs étudiantes à Londres : un moment de bonheur collectif », *Rue89*, 2 décembre 2010.

39. Dès le 13 décembre 2010, par exemple, le site *Maghreb émergent* diffusait « la traduction intégrale du câble-brûlot de l'ambassade US » (www.maghrebemergent.info/actualite/maghrebine/1637-wikileaks-tunisie-la-traduction-integrale-du-cable-brulot-de-lambassadeur-us.html).

40. Un argument semblable, celui de « consolider les remparts contre le communisme », fut utilisé par les États-Unis et leurs alliés, durant toute la guerre froide, pour soutenir (voire instaurer) des dictatures en Europe occidentale (Espagne, Portugal, Grèce, Turquie) et dans de nombreux pays d'Amérique latine et d'Asie.

41. *Foreign Policy*, Washington, 13 janvier 2011.

42. J. Pilger, « *Why WikiLeaks Must Be Protected* », *NewStatesman*, Londres, 19 août 2010 (www.newstatesman.com/international-politics/2010/08/pilger-wikileaks-afghanistan).

43. F. Stalder, « Pourquoi les institutions peinent à garder leurs secrets », art. cit.

44. En France, Éric Besson, ministre de l'Industrie, a décidé d'engager la bataille contre *WikiLeaks* en étudiant les recours possibles contre l'hébergeur (la société roubaisienne OVH) en France du site, au prétexte que celui-ci aurait « violé » le secret diplomatique (*Le Monde*, 3 décembre 2010). Par ailleurs, Frédéric Mitterrand, ministre de la Culture, s'est dit également « partisan » d'une interdiction de l'hébergement du site parce que « les renseignements fournis par *WikiLeaks* ont été volés, ils ont été piratés » (*nouvelobs.com*, 6 janvier 2011).

45. *Cf.* Guerric Poncet, « L'Islande pourrait devenir un paradis pour la liberté d'expression », *Le Point*, 16 février 2010.

46. En France, par exemple, la chaîne d'info en continu BFMTV sollicite régulièrement la « communauté de reporters » qui auraient été témoins d'un événement afin qu'ils lui adressent leurs photos ou vidéos (http://temoins.bfmtv.com). Elle précise à cet égard : « Témoins BFMTV est un service permettant à notre communauté de reporters d'envoyer leurs vidéos et photos à la rédaction et de les partager avec les autres internautes. En partenariat avec Citizenside, nous vous donnons aussi la possibilité de vendre vos images aux médias du monde entier en un clic. »

47. Ce qui peut poser, parfois, des questions de droits comme l'a montré la plainte du photographe haïtien Daniel Morel, un des rares photographes présents à Port-au-Prince lors du séisme du 12 janvier 2010. Morel avait posté quelques-uns de ses clichés sur TwitPic, un service de photos associé à Twitter. Ils avaient ensuite été repris par un internaute dominicain, Lisandro Suero. L'Agence France-Presse (AFP) avait alors utilisé ces photos, en les créditant du nom de « Suero ». Un tribunal de New York a donné tort à l'AFP, le 23 décembre 2010, pour avoir utilisé ces photos sans l'accord de Morel et sans rémunération. Le tribunal a rappelé que les conditions d'utilisation de TwitPic n'indiquent pas que les photos postées sur le site sont libres de droits (*cf. Le Monde*, 31 décembre 2010).

48. Entretien à « Good Morning America », ABC, 22 juillet 2010.

49. Par exemple, *France-Soir* a publié en « Une », le 19 mars 2010, une photo de Johnny Hallyday en pleine forme (« Johnny à Saint-Barthélemy, dans la mer des Caraïbes, surfe sur les vagues »), présentée comme prise la veille et « exclusive », mais en réalité vieille de quatre ans...

50. *Cf.* Gilles Balbastre, « Les faits divers, ou le tribunal implacable des médias », *Le Monde diplomatique*, décembre 2004.

51. P. Cohen et É. Lévy, *Notre métier a mal tourné*, *op. cit.*

52. Charles Enderlin, *Un enfant est mort*, Paris, Don Quichotte, 2010.

53. *Cf.* Guillaume Weill-Raynal, *Les Nouveaux Désinformateurs*, Paris, Armand Colin, 2007.

54. Denis Sieffert, « L'incroyable machination », *Politis*, 8 octobre 2010.

55. *El País*, 18 octobre 2010.

VI. Vers quel modèle de rentabilité ?

1. S. Halimi, « L'information gratuite n'existe pas », *Le Monde diplomatique*, octobre 2010.

2. *Cf.* l'étude « Publicité et marketing sur Internet : bilan 2010, perspectives 2011 », Benchmark Group, Paris, 27 janvier 2011.

3. En 2008, l'audience du *New York Times* sur Internet a été dix fois supérieure à celle de son édition imprimée. Cependant ses revenus publicitaires sur le Web ont été dix fois inférieurs à ceux de l'édition papier. Conclusion : pour que la publicité sur le Web rapporte, le nombre de lecteurs sur écran doit être *cent fois* plus important que celui de la version papier.

4. En 2010, les dix premières étaient :
   1. Global Plans to Replace the Dollar
   2. US Department of Defense is the Worst Polluter on the Planet
   3. Internet Privacy and Personal Access at Risk
   4. ICE Operates Secret Detention and Courts
   5. Blackwater (Xe): The Secret US War in Pakistan
   6. Health Care Restrictions Cost Thousands of Lives in US
   7. External Capitalist Forces Wreak Havoc in Africa

8. Massacre in Peruvian Amazon over US Free Trade Agreement
9. Human Rights Abuses Continue in Palestine
10. US Funds and Supports the Taliban.

5. www.rebelion.org/noticia.php?id=96387

6. *Cf.* Gordon Crovitz, « *El futuro de los diarios en Internet* », *La Nación*, Buenos Aires, 15 août 2009.

7. *Le Monde*, 2 novembre 2010.

8. http://mediamerica.org/paysage-audiovisuel/les-medias-traditionnels-en-declin-selon-le-pew-reports/

9. *Le Monde*, 10 septembre 2010.

10. *Ibid.*

11. Cité par S. Halimi dans « L'information gratuite n'existe pas », art. cit.

12. *Cf.* étude référence e-content en partenariat avec l'AFP, www.degroupnews.com, 27 janvier 2011.

13. http://fr.wikipedia.org/wiki/Google_Trends

14. http://fr.wikipedia.org/wiki/Google_Actualit %C3 %A9s

15. *Ibid.*

16. www.demandmedia.com/about/demand-media-manifesto

17. Caroline Boudet, « *Demand Media*, l'usine à infos du Web », *Les Échos*, 23 novembre 2009.

18. *Cf.* Cécile Ducourtieux et Xavier Ternisien, « Quand les internautes dictent l'actualité », *Le Monde*, 13 juillet 2010.

19. *L'Expansion.com*, 19 mai 2010.

20. *Ibid.*

21. www.tubbydev.com/2010/12/fermes-de-contenus-business-plan-et-métriques.html

22. *L'Expansion.com*, 17 mars 2010.

23. *Ibid.*

24. http://techno.branchez-vous.com/actualite/2010/03/aol_seed_journalisme.html

25. *Populis* a annoncé, en février 2010, l'acquisition de *Blogosfere* (http://blogosfere.it), un des principaux réseaux de blogs italiens, qui rassemble environ 210 blogs professionnels et attire quelque trois millions de visiteurs uniques par mois.

26. Voici les cinq arguments fournis par *Populis* : « Libérez vos passions et votre expertise ; une source supplémentaire de revenus ;

soyez votre propre patron ; soyez maître de votre futur ; travaillez à votre rythme » (www.populiscreate.com/apply?acct_usr_language=fr).

27. *Cf.* Nicolas Rauline, « Les "fermes de contenus" à la demande se lancent à la conquête du marché français », *Les Échos*, 21 décembre 2010.

28. Exemples de sujets : « Comment réussir un entretien d'embauche ? Comment vendre son appartement ? Comment devenir assistante sociale ? Quels shampoings pour les cheveux gras ? Où acheter des œillets pas chers ? »

29. Présent dans le monde depuis quinze ans en version anglophone, *suite101.com* attire environ 25 millions de visiteurs uniques chaque mois et compte plus de 3 000 pigistes actifs.

30. *Le Monde*, 20 mars 2010.

31. N. Rauline, « Les "fermes de contenus" à la demande se lancent à la conquête du marché français », art. cit.

32. www.lefigaro.fr/medias/2010/07/18/04002-20100718-ARTFIG00202-les-nouvelles-ficelles-des-sites-d-infos-americains.php

33. *El País*, 25 juillet 2010.

34. Pew Research Center, *State of the News Media 2010*, 15 mars 2010.

35. http://novovision.fr/lepost-fr-populaire-ou-populiste

36. *Le Post* a été condamné par la cour d'appel de Versailles, le 6 janvier 2011, à verser 12 000 euros à Flavie Flament, suite à la publication, en janvier 2009, d'une rumeur concernant la mort de l'animatrice. Rumeur démentie par *Le Post* quelques heures après.

37. *El País*, 25 juillet 2010.

VII. Les journaux vont-ils survivre ?

1. Depuis 2004, sa diffusion a progressé de 60 %. En 2009, il a enregistré le meilleur résultat de son histoire.

2. *Cf.* « La révolution des médias : libération ou crise de l'information ? », *op. cit.*

3. Tomás Eloy Martínez, « *Los diarios vuelven a contar historias* », *La Nación*, 21 novembre 2001.

4. *El País*, 31 octobre 2010.

Quelques sites à consulter

Acrimed
Action critique médias. Observatoire des médias.
Informe sur l'information, les médias, les journalismes.
www.acrimed.org

@rrêt sur images
Le site d'informations sur les médias dont Daniel Schneidermann est le directeur de la publication.
www.arretsurimages.net

Cyberjournalisme.net
Internet pour les journalistes. Site d'orientation pour journalistes français et francophones.
www.cyberjournalisme.net

Le Forum des sociétés de journalistes
Une trentaine de sociétés de journalistes sont fédérées au sein de ce forum qui compte environ 3 500 adhérents.
http://forumsdj.free.fr/qui.php

Journ@lismes.info
Le web-observatoire du journalisme sur Internet (réalisé dans le cadre de l'école de journalisme de Grenoble).
http://www.journalismes.info

Media Trend
Les nouveaux médias & les nouveaux usages.
www.themediatrend.com

OWNI Digital Journalism
Société, pouvoirs et cultures numériques.
Un site consacré aux médias auquel collaborent une vingtaine de journalistes permanents et plusieurs blogueurs.
http://owni.fr

La social NewsRoom
Le blog médias de Benoît Raphaël.
http://benoitraphael.com

Social Media Club France
Un cercle de réflexion sur les médias sociaux, rassemblant journalistes, chercheurs, blogueurs et tout professionnel passionné par les médias et leur évolution.
http://socialmediaclub.fr

Table

DANS LA MÊME COLLECTION

Georges Perec
Espèces d'espaces

Jean-Michel Palmier
Berliner Requiem

Paul Virilio
Vitesse et Politique

Léo Scheer
La Société sans maître

Jacques Dreyfus
La Ville disciplinaire

Jean Baudrillard
Oublier Foucault

Jean Duvignaud
Lieux et Non-lieux

Alain Médam
New York Terminal

Paul Virilio
Défense populaire et luttes écologiques

Jean Baudrillard
De la séduction

Alain Joxe
Le Rempart social

Alain Médam
New York Parade

Marc Guillaume
La Politique du patrimoine

René Lourau
Autodissolution des avant-gardes

Alain Médam
La Cité des noms

Paul Virilio
L'Horizon négatif

Paul Virilio
La Machine de vision

Félix Guattari
Cartographies schizoanalytiques

Paul Virilio
Esthétique de la disparition

Félix Guattari
Les Trois Écologies

Jean Baudrillard
La Transparence du mal

Jean Baudrillard
La guerre du Golfe n'a pas eu lieu

Paul Virilio
L'Écran du désert

Félix Guattari
Chaosmose

Paul Virilio
L'Insécurité du territoire

Jean Baudrillard
L'Illusion de la fin

Paul Virilio
L'Art du moteur

Jean Baudrillard
Le Crime parfait

Paul Virilio
La Vitesse de libération

Paul Virilio
Un paysage d'événements

Jean Baudrillard
Écran total

Ignacio Ramonet
Géopolitique du chaos

Paul Virilio
La Bombe informatique

Ignacio Ramonet
La Tyrannie
de la communication

Jean Baudrillard
L'Échange impossible

Paul Virilio
Stratégie de la déception

Paul Virilio
La Procédure silence

Ignacio Ramonet
Propagandes silencieuses

Ignacio Ramonet
Marcos – La dignité rebelle

Jean Baudrillard
L'Esprit du terrorisme

Paul Virilio
Ce qui arrive
Naissance de la philofolie

Marc Augé
Journal de guerre

Ignacio Ramonet
Guerres du XXIe siècle

Michel Onfray
Célébration
du génie colérique

Jean Baudrillard
Power Inferno

Paul Virilio
Ville panique
Ailleurs commence ici

Jean Baudrillard
Le Pacte de lucidité
ou l'Intelligence du Mal

Ignacio Ramonet
Irak. Histoire d'un désastre

Paul Virilio
L'Accident originel

Jean Baudrillard /
Enrique Valiente Noailles
Les Exilés du dialogue

Paul Virilio
L'Art à perte de vue

Marc Augé
Le Métier d'anthropologue

Paul Virilio
L'Université du désastre

Paul Virilio
Bunker archéologie

Ignacio Ramonet
Le Krach parfait
Crise du siècle
et refondation de l'avenir

Paul Virilio
Le Futurisme de l'instant

Paul Virilio
Le Grand Accélérateur

Ignacio Ramonet
L'Explosion du journalisme

CET OUVRAGE A ÉTÉ
ACHEVÉ D'IMPRIMER POUR LE
COMPTE DES ÉDITIONS GALILÉE
PAR L'IMPRIMERIE FLOCH
À MAYENNE EN FÉVRIER 2011.
NUMÉRO D'IMPRESSION : 78797.
DÉPÔT LÉGAL : MARS 2011.
NUMÉRO D'ÉDITION : 938.

Code Sodis : 750 568 7

Imprimé en France